挑战智慧的侦探游戏

陈书凯 ◎ 编著

中国纺织出版社

内 容 提 要

寻奇是人类的天性，很少有孩子不喜欢侦探游戏，他们小小的世界在探案的过程中变得愈发精彩起来。本书以侦探游戏的方式考验孩子的应变能力、逻辑推理能力、理解能力，潜移默化中提升孩子智力。

图书在版编目（CIP）数据

挑战智慧的侦探游戏 / 陈书凯编著. -- 北京：中国纺织出版社，2013.6 （2024.1重印）
（青少年脑力游戏厅）
ISBN 978-7-5064-9362-8

Ⅰ. ①挑… Ⅱ. ①陈… Ⅲ. ①智力游戏—青年读物 ②智力游戏—少年读物 Ⅳ. ①G898.2

中国版本图书馆CIP数据核字（2012）第261447号

策划编辑：徐屹然　　责任编辑：赵晓红
特约编辑：湘　尹　　责任印制：储志伟

中国纺织出版社出版发行
地址：北京朝阳区百子湾东里A407号楼 邮政编码：100124
邮购电话：010—64168110 传真：010—64168231
http: //www.c-textilep. com
E-mail: faxing@c-textilep. com
北京兰星球彩色印刷有限公司　　各地新华书店经销
2013年6月第1版　2024年1月第3次印刷
开本：787×1092　1/16　印张：12
字数：159千字　定价：36.00元

前 言

侦探，是一个让全世界所有侦探迷和推理爱好者疯狂的词。为了侦破一桩案件或者推出一道侦探题，他们往往绞尽脑汁，废寝忘食，却常常乐此不疲。侦探究竟有什么魅力呢？

如果你去拜访一位侦探专家，他肯定会这样回答你："探案的魅力在于它能带给你智慧、危险、紧张和快乐的感觉。"

如果你去调查身边的侦探迷，他肯定会这样回答你："侦探就是一个挑战自己的智力过程。"

的确，侦探本身是一个惊险曲折、神秘莫测、扣人心弦的过程。当你翻开本书时，无疑你像所有侦探迷一样被"探案"所吸引。

本书所收集的一百多个侦探游戏，时间上囊括古今，地域上横跨中外，内容上精彩绝伦，题材上均为适合青少年身心发展健康需要、青少年也比较感兴趣的探案游戏。和其他探案书所不同的是，它不是单纯地追求案件本身的离奇，而是通过对案件的详细分析，从而培养青少年成长所需要的各种能力。因此，本书的目的不在于检查作为读者的你是否能成为一名出色的侦探，而在于看你是否已掌握了作为一名侦探所必须具备的一些基本素质，例如观察力、逻辑推理能力、应变能力、敏捷的思维判断能力以及对各种知识的准确把握程度。如果你具备了这些素质，那么在这个竞争激烈的社会里，你无疑将处于更有利的位置。

在本书中，每一个案件都暗藏玄机，每一个环节都紧密相扣，每一个答案都让你大开眼界，每一次参与都惊险无比。你不一定要像柯南那样神勇，也不一定要像福尔摩斯那样机智，如果你想从课本以外的地方开拓思维、提高自己，那么本书将是你最好的选择。

在阅读本书的过程中，你可能会紧缩眉头、可能会冥思苦想、可能会暗自叫好、也可能懊恼为什么自己想不到，但是，智慧就在你独自叫好与叹气间悠然产生，它因思考而存在，因思考而扩展，因思考而长存。

当你认真阅读并参与过后，你会发现你的应变能力、逻辑推理能力、理解能力、幽默感都得到了很大提高。当你把它们巧妙地运用于学习、考试、为人处世、人际交往等方面时，其结果更是受益无穷。

这就是编者的初衷所在，希望广大青少年都能从中受益！

编著者

2013年2月

Contents

第一章 逻辑推理篇

第二章 数字推理篇

第三章 反应思维篇

第四章 科学推理篇

第一章

逻辑推理篇

侦探家的思维就像走在迷宫里面一样，即便错综复杂，也从来不会迷失方向，最后总是能找到出口。你也想具备侦探家的逻辑思维能力吗？这一章所选的案件将最大限度地帮助你提高自己的逻辑推理能力。

1.数字里的秘密

华威探长接到汤生夫人打来的报警电话：汤生先生被绑架了。汤生拥有百万家产，是这个镇上的首富。探长驾车赶到了汤生的乡村别墅，汤生夫人告诉探长："两小时前我接到一个陌生人的电话，说如果希望汤生继续活着的话，那么必须付给他20万。接到电话，我才知道汤生被绑架了，那是昨天晚上的事。"

汤生夫人说："昨天我到姨妈家去了，今天上午才回家，想不到会发生这样的事情。"

"罪犯没讲过以什么方式交付赎金吗？"探长问。

"他只是让我把20万准备好，什么时候交钱，交到什么地方，他说会再给我打电话的，如果报警的话，汤生的脑袋就跟身子再见了。"汤生太太抽泣着说。

探长又询问了汤生家的仆人，仆人说："没看清不速之客的脸，好像有40多岁，戴着墨镜，帽檐压得很低，但从汤生先生把来人带进书房这一点可以看出，来人肯定是汤生先生的熟人，因为先生从不将陌生人带进书房的。"

探长见再也问不出有价值的线索，就开始了搜查。书房里没发现外人的痕迹，即使在明显是"客人"用过的咖啡杯上也没留指纹。鞋印留下了，但明显是经过处理的平底光面鞋，从这儿无法打开缺口。

"看来，罪犯是逼着汤生先生从后门出去的，但这并不重要，重要的是这本台历。"探长对汤生夫人说，"这上面潦潦草草地写着7891011。夫人，昨天你离开汤生先生之前，看到过台历上有这些数字吗？”

“没有，汤生没有往台历上记事的习惯。”

“那么说明这串数字非常重要，很有可能，这串数字代表罪犯的名字，或是罪犯的地址。夫人，你知道汤生先生得罪过哪些人？或者请您提供一个可疑分子的名单给我……”

“舒克、麦特、加森、查利……可是，汤生得罪的人不一定就是绑架者呀！”汤生夫人不解地问。

探长笑了笑说：“你已经把罪犯告诉我了，罪犯就是加森。”

请问，探长是怎样判定的呢?

2.双胞胎

一个小伙子杀人之后，不一会儿便逃之夭夭，警探赶到现场后，根据目击者提供的情况，在一家饭店里发现了这个嫌疑犯。可这个小伙子说自己一直在这儿，吃饭后，就在这里看电视，根本就没有离开过饭店。

饭店的经理和周围的人也证实了他的说法。可目击者却一致确认，从相貌和衣着上看，这个小伙子就是那个作案者。

然后，警探化验了凶手留下的指纹，结果，指纹和这个小伙子的明显不符。

警探忽然明白了，于是，他赶紧和助手去查了小伙子的户口册，果然如此。根据这个线索，警探很顺利就把凶手抓到了，并且证实不是这个小伙子。

请问，警探是如何找到凶手的?

3.赎金不见了

库特先生一进门就接到电话。“喂，你是库特先生吗？”电话那头有个男人在问。

“对，你是谁？”

“这你不必问了。你的儿子维特现在在我这里。你不必着急。你先准备好100万元的现金。”对方还没说完就把电话挂上了。

这下库特先生可急坏了，他又不敢报警，只好等在电话边。半个小时过去了，没有电话；一个小时过去了，还没有电话；两个小时、三个小时都过去了，还是没有电话。

“嘀铃铃……”电话总算来了。

“你现金准备好了吗？”

“好了。”

“你把现金用布包好，装到皮箱里，今天晚上10点，放在纽约公园铜像前的椅子下面。”歹徒在电话里这样指示。

库特先生为了自己心爱的儿子的安全，他依照歹徒的要求，把100万元现金装入黑色的皮箱里，放在纽约公园铜像前面的椅子下，然后离开。当然，在两个小时前这附近就布置了几个便衣警察。

大约过了十几分钟，一个穿毛衣的年轻女郎走了过来，拿起椅子下的皮箱，毫不在意地快步离开公园。

出了公园，那个女郎走了一会儿，便拦住辆出租车，坐了进去。埋伏在附近的便衣警察立即开车跟踪。不久，出租车停在地铁车站的入口处，那女郎提着黑皮箱下了车。警车上的两个便衣警察也跟了上去。

女郎把黑皮箱寄放在地铁车站的寄存处，双手空空就离开了。两个便衣警察一个留下来监视黑皮箱，另一个继续跟踪女郎。

女郎来到地铁月台，她好像发现有人跟踪，当地铁车门刚要关的时候，她突然跳了进去。跟踪的便衣警察没有办法上车，只好眼睁睁地看着她逃走了。

黑皮箱还在地铁车站的寄存处，她的同犯一定会来取的。便衣警察心想。然而过了几个小时，仍然没有人来提取。警察感到奇怪了，他就向存物处的管理员出示了警察证件，让他们打开那个黑皮箱。

当警察打开黑皮箱时，里面空空的，根本就没有现金！那100万元现金不翼而飞！直到约翰探长来了才解开这个谜。请问，100万元现金到哪里去了呢?

4.死亡状态

一具男尸横在铁路旁边，头朝下，肢体扭曲，脖子都摔断了。警长勘查现场后初步认定，死者叫拉福特，是个诈骗犯，应该是从芝加哥开往洛杉矶的快车上跳下来的。这趟车是今天唯一从这里经过的火车。

随后赶来的尼克探长说：“你根据什么说他是从火车上跳下来的? ”

警长领着尼克探长顺路轨西行，走了100米左右，看到第一个旅行包，往前走300米左右，又看到另一个旅行包，包里装有崭新的纸币，共5万美元。

警长说：“钱是假币，看来是有人想抢这笔钱，拉福特便跳车要保住它。”

探长说：“不，他是被人从火车上扔下来的。”

请问，探长是怎样作出这种判断的？

5.巧取赎金

绑匪给富翁寄来了一封恐吓信：“如果你想让儿子平安归来，就在旅行袋内装上60万美金，让你的司机于明晚零时，在纪念塔旁边挖一个坑，将钱深埋入地下。”

富翁接信后很着急，就向警方报案。警方请富翁照绑匪的要求去做。

第二天晚上，司机拿上装有现金的旅行袋来到纪念塔旁边。他挖了一个很深的坑，将旅行袋放入坑中埋好。在司机埋钱时，为防不测，远处有几名警察在树丛中把守，等埋好钱，司机提着铁锹离开那里，留下警察在远处监视着。

直到第二天中午，也未发现坑前有什么动静，而富翁的儿子却平安地回家了。警方甚为奇怪，因为并未发现绑匪取钱，为什么人质却被释放了呢？

他们立刻把埋钱的坑挖开，让人惊奇的是，旅行袋内空无一文，60万赎金不知何时被取走了。负责监视的警察证实，绑匪不可能来过，而且也没有任何人靠近埋钱的地方。那么，绑匪是如何避过警察的耳目，巧妙地取走了赎款呢？

尼克探长很快就找到了答案，并抓住了绑匪。请问，尼克是如何破获此案的？

6.如何报案

有一赌徒因为输了一笔巨款，他必须马上弄到钱。盗贼看到一大厦的8楼还亮着灯，他就怀揣着一把手枪，上了8楼。他来到那家的门口，听到里面有个女人在说话："这事不着急，我们明天还可以办的……"

赌徒心想，里面有两个人怎么办，但他手中有枪，并不害怕。

他敲了敲门，只听里面的女人说："请稍等一下。"不久，门就开了，里面只有一个女人。那女人看见陌生人进来，就问："请问你是谁？"赌徒进门后，马上关上房门，并拔出了手枪。

女人吓得惊呼："救命——"没等这声叫完，赌徒扣动了扳机。从消音手枪里飞出的子弹，击中了她的前胸，女人慢慢地倒了下去。

赌徒立刻打开衣柜，抢走了现款和首饰。他轻轻地把门关上。此时四周静悄悄的，可见刚才那女人的惊叫，由于房门紧闭着，并未传出室外，赌徒镇定地向楼梯口走去。就在此时，警探跑了上来："不许动，举起手来！"

赌徒心想，警探真是料事如神啊，他怎么知道这里有劫案发生呢？

那么，你知道这是怎么回事吗？

7. “畏罪自杀”的凶手

里斯本警探接手了一件很棘手的案子。一富家幼子被绑架，虽然付了大笔赎金，可人质却没有生还。显然罪犯一开始就没打算归还人质，早已将幼儿杀掉，而且残忍地将其碎尸。

从这一点看，罪犯肯定熟悉被害人家内情。经侦查，常出入被害人家的会计事务所会计师加姆莱克被列为嫌疑对象。这家事务所在案发前一直生意萧条、门庭冷落，最近却突然火爆起来，这不得不令人觉得蹊跷。

里斯本走进加姆莱克会计事务所，加姆莱克正一张张地用舌头舔着印花往文件上贴。

“加姆莱克先生，实在对不起，打扰你了！”里斯本警长说道。

“哦，又是为那桩绑架案吧？”

里斯本端正了一下坐姿，说：“加姆莱克先生，你的血型是A型吧？”

“正如你说的，也许因为我同库克斯都是A型血，很多人都觉得不可思议，这是不是——”加姆莱克想岔开话题。

里斯本打断加姆莱克的话，直截了当地说：“从送到被害人家的恐吓信的邮票背面验出了你的指纹，上面留有A型血人的唾液，你有舔邮票贴东西的习惯吧？”

“咦，你连这——”

“你的钱是怎么弄到的？”

“实际上……说起来你们恐怕不相信，是我捡的。那是绑架案发生数日后的一天，刚好就是那边椅子旁，有一个什么人遗忘的包，里面装的是现金。”加姆莱克不安地说道。

“你告诉库克斯了吗？”

“没有。我想大概会有人来问的，便保存了起来，但始终没见有人来问，于是……啊，你也知道我急需钱。我对库克斯说钱是我赚来的，因为前一段时间他干得很棒，所以我也不想落后……”

加姆莱克战战兢兢，以为自己会被逮捕，但里斯本并无什么确凿证据，便起身告退了。

然而，加姆莱克当晚便死了，样子极像自杀。抽屉里发现了盛毒药用的小瓶，但没有发现遗书。

里斯本后悔不已。他急忙赶到解剖室，同担任加姆莱克尸体解剖的法医攀谈起来。谈着谈着，法医突然想起来了：“对了，加姆莱克是非分泌型体质。”

“糟了！加姆莱克不是绑架案的凶手，他是被凶手所杀，而后又被伪装成自杀的。”里斯本猛然醒悟道：“马上通知警察逮捕凶手库克斯！”

请问，凶手为什么是库克斯呢?

8.电梯“杀人”

著名残疾画家林子峰被人杀害了，但警方目前还没找到凶手。林子峰的住宅是一幢五层高的独立洋房。为了方便，他安置了直上五楼的电梯，并请了一个助手，以帮助他处理一些事务，顺便照顾他。现在这个助手已经被当做头号嫌疑人，但还没有任何证据证明他是杀害林子峰的凶手。

警方传讯了当时在场的林子峰的同学兼老朋友何坤和慈善机构的李先生，他们当时去找死者是为了一个慈善活动。

据何坤回忆说，电梯在四楼停了一下就直接下来了。电梯的自动门一开，林老先生竟然一动不动地坐在狭窄的电梯内，他的后颈被一把锐利的短剑刺穿了。在短剑的剑柄上，系着一条粗橡胶绳子。

“你们当时没有追问那个助手还有什么方法能接近在电梯里的被害人吗？”

“当然有，他说还有一个紧急时用的回旋梯。”何坤答道。

“我赶紧跑到了四楼，一个人影都没见到，就在这个时候，李先生和助手两人也气喘吁吁地从回旋梯上来了。现场中四楼的窗子都安了铁窗，凶手根本无法从窗户逃走。林老是在坐电梯下楼时遇害的，电梯从四楼降到一楼，中间都没停过，凶手绝对不可能避开三个人的视线逃走。”

说到这时，何坤突然想到什么了，他说坐电梯时看到电梯的顶板上有换气孔。

“嗯，原来是这样。”警方似乎找到了他们要的东西。

那么，谁是凶手？他又是怎么做的呢？请据理分析。

9.消失的子弹

炎炎夏日里，一位警官在关岛度假。一天，他在离别墅不远的海滩上，发现躺着一个身着红色游泳衣的金发女郎，走近一看，竟是一具女尸，她腹部中了两枪，鲜血染红了整个腹部。警官仔细检查现场后，发现除了一具女尸以外，没有其他任何线索。在这种情况下，唯一的线索只有她体内的两发子弹了。

想到这里，他马上通知当地警察局，把尸体送进医院解剖。不料，解剖的结果是体内没有子弹。警官大伤脑筋，如不掌握子弹的线索，那就无法进行侦破。无奈之下，只得求教柯南探长。探长认真地听了警官介绍后说："尸体背后有没有子弹穿过的伤口？"

警官耸耸肩膀后说："没有！"

探长又问："有没有子弹被销毁的痕迹？"警官又摇摇头。

探长沉思片刻后对警官说："子弹肯定在体内，不过已经完全融化了。"

请问，探长的依据是什么呢？

10.酒窖劫案

杰克先生一向都是乘星期五上午9点53分的快车离开他工作的城市，在正好2个小时后到达他郊外的住宅。可是有一个星期五，他突然改变了他的习惯，在没有通知任何人的情况下，他坐上了那天夜里的火车。

回到家里已近午夜零点，他听见他的秘书阿旺正在地下室的酒窖里面喊"救命"。杰克砸开门，将秘书救了出来。

"先生，你总算回来了！"阿旺说道，"一群强盗抢了你的钱。我听见他们说要赶今天午夜零点的火车回伦敦去，现在还剩几分钟，恐怕来不及了！"

杰克一听钱被盗走，焦急万分，便请尼克松探长来调查此事。

探长找到了阿旺，问他："你是说几个强盗用枪抵着你，逼你打开保险柜？"

"是的。"阿旺答道，"然后他们又逼我服下了一粒药片——大概是安眠药之类的东西。我醒来时，正赶上先生下班回来。”

尼克松探长检查了酒窖，这是个并不很大的地窖，四周无窗，门可以在外面锁上，里面只有一盏25瓦的灯泡，发出不太明亮的光，但照明用足够了。探长在酒窖里找到了一块老式机械表，他问阿旺：“发生抢劫时你戴着这块表吗？”

“呃，是……是的。”秘书回答。

“那么请你好好说说，你把钱藏在哪儿了？你和那些强盗是一伙的！”阿旺一听，顿时瘫倒在地。

请问，尼克松探长是根据什么作出这样的判断？

11.小邓的判断

在新警察训练营里，李教官很招学员喜欢，因为他总是把一些有趣而有点挑战的案例分析给大家听，因而这些未来的警察都觉得能从他的课上学到很多东西。

大家闲聊了一阵以后，李教官说：“今天咱们来个新节目，叫做‘智辨罪犯’？”大家都欢呼起来。“大家待会儿仔细地看，先不要讨论”。说完，李教官就把一盘磁带放进了DVD中。

只见镜头里是两个并肩走在一起的人，乍看起来并没有什么异样，但仔细一看，就会发现他俩一个人的右手和另一个人的左手铐在同一副手铐上。两个人是背朝着屏幕的，所以看不到他们的表情。

“大家看到了，这两个人用手铐各自铐上一只手。其中一个是便衣警察，一个是罪犯。那么，谁能判断一下到底谁是谁呢？”学员小邓很快地举起手，李教官冲他点了点头，小邓站起身来，说出自己的判断。“小邓的判断十分正确。”李教官说完又狡黠地一笑，“不过不要忘了可能还有特殊情况哦。”小邓的判断是怎样的？李教官所说的特殊情况又是什么呢？

12.听不见的证据

星期日的早上，一位评论家死在他的书房里，他胸部中了两枪，倒地而亡。因其是一人独居，尸体是早上佣人来打扫时才发现的。

亨利探长在现场了解到，附近的人没有听到枪声。他问鉴定人员：“死亡的时间知道吗？”

鉴定人员回答：“昨晚10点20分左右。”

正在鉴定人员答话时，挂在书房墙上的鸽子报时钟“咕咕咕”地响了，挂钟里的鸽子从小窗中探出头报了10点。

“没解剖尸体怎么知道得这么准确？”

“我们到这儿时，收音机正开着，录音键也按着。将磁带转到头一放，录的是那天巨人队和步行者队决赛的比赛实况。”

鉴定人员按下了桌上录音机的放音键，里面传出了比赛实况的转播声。亨利探长一边看着手表一边听着，然后他肯定地说：“不，受害人不是在这个书房而是在别处被杀的。”

“那怎么可能呢？”鉴定人员疑惑地问。

“凶手是在别处一边录收音机转播的实况，一边枪杀受害人的，而且不光是将尸体，还将这台录音机也一块儿搬到这间书房里，伪装成受害者是在这儿被杀的。”

“可是，探长，这盘磁带我听了两遍了，这样的证据在磁带里并没有啊？”

“那就请你再仔细听一遍，有一种声音录音中没有，所以书房绝不是杀人现场。”探长又打开录音机，放比赛实况播音给他听。

那么，你知道探长指的是哪种声音呢？

13.绝食之谜

一英国男爵特别喜爱印度的瑜伽，为此，他买下一所健身房，经常和4个印度人一起在里面练习瑜伽。出人意料的是，有一天男爵被发现死在健身房里。

事情是这样的：两星期前，男爵单独进入健身房做瑜伽修行，为了不受外界干扰，他把门窗都从里面上了锁。由于瑜伽修行需要好几天时间，所以事先在健身房内已准备了充足的食物和水。

但是，两星期后他仍未出现，4个印度人向警方报告。警察赶来，撬开紧锁的门，才发现男爵已直挺挺地死在床上。旁边准备好的食物和水几乎都没动过。

健身房的门窗从里面上了锁，任何人都无法进去。天花板离地有15米高，床上正上方有一个方形的采光窗，窗上有铁栏杆，所以外面的人即使把窗上的玻璃卸下来，人也不可能钻进去。可以说，这间健身房几乎是一间与外界隔绝的密室。

那么，男爵为什么会饿死呢？当地警察查来查去也查不出原因，只好不了了之，认为男爵是绝食身亡。

男爵夫人对警方的这一结论大为不满，于是便请来了一位名侦探。名侦探立即前往健身房作现场调查，结果发现，男爵躺着的那张床在近期内有被移动过的痕迹。

“夫人，”名侦探说，“请问男爵是否有恐高症？”

“是的，他只要站到高处，就会恐惧得双腮打战，眼睛发直。”

“哦，既然如此，男爵不幸身亡的悬案也就可以了结了。”名侦探说完，立即通知警方逮捕那4个印度人。

请问，凶手为什么是那4个印度人呢？

14.左边的弹壳

杰克探长来到某地旅行，住进一家高级酒店二楼的一套客房。突然，从走廊传来女人的呼救声。

他循声找去，在315房间门前站着一个年轻妇女在哭喊，从开着的门看到房间里一个男人倒在安乐椅上，已经死亡。杰克探长对尸体做了简单检查后，确认此人刚死，子弹射穿了心脏。

当地警署也派人来了。那个年轻妇女边哭边说：“几分钟前，听到有人敲门，我打开门时，门外一个戴面具的人朝我丈夫开了枪，把枪扔进房间逃跑了。”

地毯上有一枝装着消音器的手枪，左侧两个弹壳相距不远，在死者身后的墙上有一个弹洞。杰克探长告诉警署人员："把这位太太带回去讯问。"

试问，探长为什么对死者的妻子产生怀疑?

15.解开暗示之谜

一天早晨，超市收银员鲁西死在公寓里。最先发现的是她的邻居。因为邻居发现他家的卫生间的顶板上居然渗出了红色的液体。于是他马上叫来公寓管理员，一起跑到鲁西的房门前，并撞开了门。厅里、卧室里都没有发现什么，最后他们在卫生间里发现鲁西坐在便池上，已经死了。鲜血和便池里的水流了满地。她的死因是被匕首状的凶器刺中了背部。看上去像是在卧室遭到袭击后逃进卫生间的。

警察勘查了现场，但未发现任何可以成为线索的证据，搜查陷入了困境。

最后警长加里森只好请来了侦探波洛。

"既然如此，请带我去看看现场，看我能不能对你有些帮助。"波洛答应了加里森的请求。

波洛来到卫生间，他想在这里找点线索，因为他觉得既然死者还有力气跑到卫生间，她就应该在卫生间留下一点关于凶手的线索。可是他什么也没找到，卫生间里四面都是光秃秃的墙壁，还有一卷没用完的纸。

波洛看着那卷纸，觉得可能快找到线索了。他一把把那卷手纸拿了起来，扯了开来。

几分钟后，他表情轻松地走了出来。

“加里森，凶手是一个姓名缩写为BK的人。”

一句话，使加里森大吃一惊：“真的吗？您是在哪里找到暗示的呢？”

波洛微微一笑，说：“这是一个秘密。”

那么，波洛是从哪儿发现凶手名字缩写字头的呢？

16.圣诞老人

一般的乔装易容都是打扮成不太起眼的人物，但在一次重大杀人案的调查中，一名警察却故意穿着特别引人注目的圣诞老人服装。尽管如此，这名警察还是在对方眼皮底下获得重要证据。

那么，你知道警察为何要穿这种特别显眼的服装吗？

17.白鹅纠纷

一天，康熙和贴身的侍从到江南一带查访。他们来到集镇边的酒家饮酒。正喝得有滋有味之时，忽然院子里有吵闹之声，让侍从去看，回来禀报说店主和邻居吵了起来。

原来，邻居将自己饲养的两只生蛋的母鹅放出来吃虫子。不想贪心的店主把两只鹅赶进自家的鹅笼。当邻居来索要时，店主不承认，故而二人吵闹不休。

康熙听罢，出来问清邻居的鹅是放养在外面的，店主的鹅是笼养专喂白米饭的。于是康熙便吩咐侍从找来四个竹笼，每个笼内铺上一张白纸，然后对店主和邻居说："你们两人口说无凭，没有证据。那么就让鹅来写下证词吧。"说罢，转身回到店内，饮酒去了。

其他人不知他是什么意思，心想鹅如何写出证词，只好傻傻地站着看这鹅如何写字。

康熙喝完酒后，来到鹅笼前看了看说："两只母鹅是邻居的，两只公鹅是店家的。"

你知道康熙是如何看出来的吗?

18.从天而降的警察

一天，福特探长来到金冠大酒店，他发现这里喝酒的一伙人，正是国际刑警组织在缉捕的一伙在逃走私犯。由于这伙罪犯不知道探长的真实身份，所以谁也没注意他。

为了迅速捉拿这些人，探长便用电话通知警方。探长装着和女朋友通电话，这伙人听到的电话内容是这样的：

“亲爱的罗莎，您好吗？我是福特，昨晚不舒服，不能陪您去夜总会，现在好多了，全亏金冠大酒店经理上月送的特效药。亲爱的，不要和目标生气，我们会永远在一起的，请您原谅我的失约，我的病不是很快就好了吗？今晚赶来您家时再向您道歉，可别生我的气呀！好吧，再见！”

这伙人听了大笑不止，可是5分钟后，警方突然出现在他们面前，他们不得不举手投降。

请问，福特是如何向警方提供情报的？

19.杀妻疑案

萨科森猛砸了一会儿自己的家门，可里面却死一般寂静。他急出了一身汗，使劲踹了门一脚，但仍是没动静。没办法，萨科森只好将门上的铰链拆下来，把门打开。

进门一看，他吓呆了。萨科森的妻子梅晶高高吊死在房梁上，屋内窗户开着，3个骨瘦如柴的孩子吊在壁橱的钩子上，眼球快蹦出眼眶了。用手摸摸鼻子，他们早已断了气。

这悲惨的情景使几个邻居哭了起来。萨科森两脚一软，顺着墙蹲在门口边哭喊道："上帝啊，我到底做错什么！为什么要这样对我？"

很快，探长带着警察们赶到现场。这是一个一贫如洗的家，吊死在屋梁上的梅晶和3个孩子，都穿着破旧不堪的衣服。

一个警察对探长嘀咕道："依我看，这个案子非常简单。梅晶眼见无法养活五口之家，就先吊死了孩子，然后自己也上吊自杀了。"

探长望着3具孩子的尸体，凝神细思，摇摇头说："你瞧，最大的孩子都10多岁了，比梅晶的个头还高。一个如此瘦弱矮小的母亲，怎么能对付这些孩子呢？不要太早下结论，再仔细地检查一下现场，看看还能找到什么线索。"

于是，警察又开始更仔细地对屋里作全面勘察。窗户离地面很高，窗台和屋内墙面都没发现脚印，这就排除了从窗户爬进屋内的可能性。门上插销完好，没有被撬痕迹，完全是屋内人反锁的，这说明萨科森太太在自杀之前把房门反锁上，以防止别人进入。在桌子上，发现了一叠银行催款的债单，说明这个家庭已经负债累累，无法过活下去。

难道真是被生活所迫，才……探长无可奈何地叹了口气，倒背着手，心情沉重地在屋里走来走去。他真不愿接手这个案子，见到这令他揪心的场面。

一旁的萨科森瘫在沙发里，用拳头拼命捶着破沙发的扶手，不停地抽泣着。

探长走到门跟前想换口气，突然，他眼前一亮：门锁的旁边凸起一块小包，探长用手轻轻一抠，凸起物竟掉下来一块，露出木门上的一个小眼，在小眼周围的边缘上挂着几根粗毛。探长拿过一只塑料袋，用镊子小心取下凸起物和粗毛，装了进去。

凸起物和粗毛的化验结果很快出来了，凸起物是着过色的封蜡，粗毛是猪鬃。探长吸了一口冷气，站在阳台上，望着贫民窟的方向说："唉，生活真是毫不留情，它逼得那么多人走投无路。可是，萨科森也太心狠啦！"

那么，探长是通过什么来判定梅晶他们不是自杀的呢？

20.解密密室杀人

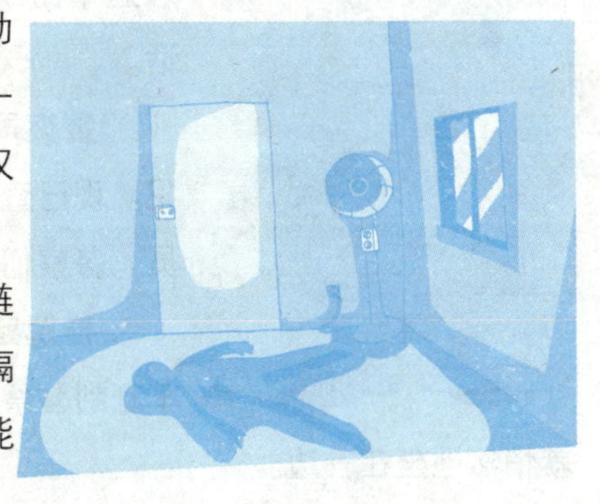

一个盛夏的中午，一名男子被人勒死在一所公寓的房间里，尸体旁边有一台电风扇嗡嗡地转着。经检验他死去仅仅几分钟。

房间的窗户插着插销，房门的扣链也从里面挂着，整个房间与外界完全隔绝，房门与门框之间没有缝隙，不可能用工具拨动房门内侧的插销将门插上。

一位刑警猜测，凶手可能是用糨糊、冰激凌或大头针之类的东西，把插销先斜着固定住，然后迅速出去，从外面使劲敲门，使插销正好落在插销槽里。

可这很快被刑警否定了，因为死者死后几分钟就被发现了，插销上应该留下糨糊或冰激凌之类的痕迹，大头针也该在现场找到，但现场却没有上述痕迹。

赶来现场的探长经过仔细观察，他发现电风扇扇叶轴上卷着钓鱼线，于是他问道："这间房子的保险盒安装在什么地方？"(保险盒就是装有保险丝的开关。)

公寓管理员回答："每间屋子都是安装在门的外侧。"

"噢，原来如此，那么谜就解开啦。"

请问，探长是怎样解开这个谜的?

21.真正的犯人

有这样一个组织——"谎言俱乐部"。它要求这个组织的成员，不管在什么场合都必须说谎话。

警察局好不容易扣留了这个组织的三个嫌疑犯。现已查明，这三嫌疑犯中只有一个是该组织成员。警察们感到很挠头：到底谁是该组织成员呢?

善解疑难的约翰警官听到这个情况，急忙驱车赶到警察局。他走进审讯室，见审讯正在进行，就悄然地坐在一边。

此时A已经回答完审讯人员的提问，站在一边。

只听B说："A刚才坦白说'我就是谎言俱乐部成员'。至于我嘛，当然不是这个组织的成员。"

B的话音刚落，C马上就接上了话头，说："不对。A刚才坦白说'我不是谎言俱乐部的成员'。至于我嘛，当然不是这个组织的成员。"

听完他们的话，约翰警官站起身来，指着其中的一个人说：“你就是真正的罪犯。”

约翰指的是谁？他是如何判断的？

22.不在场证明

一天早晨，在东京附近的山林中，发现一具被人用绳子勒死的女尸，据初步推断，凶案发生在3天前夜间零点左右。

不久，通过侦查，发现了嫌疑犯——一个名叫黑田高木的人，他欠受害人一笔巨款。

“3天前夜间零点左右，你在哪里？在做什么？”刑警询问道。

“在东京港发出驶往鹿儿岛的‘赤日五号’轮上。如果是深夜零点左右，我正在一等舱睡觉。船应该是通过纪伊半岛海域的。‘赤日五号’是一艘车辆渡轮，从东京起航直到鹿儿岛，中途是一站不停的呀，所以我不会去东京杀那女经理的。”黑田高木答道。

刑警去轮船公司核实情况，结果正如高木所言。“赤日五号”的侍者也清楚地记得高木是住一等舱的乘客。但当刑警见到那艘停靠在码头上的“赤日五号”轮船时，马上识破了黑田高木的诡计。

即使航行时高木在船上，也是能杀人的。那么，你知道高木用什么手段杀害了女经理？

23.四公里的秘密

一位农民在乡间一个池塘中发现一具尸体。而在池塘旁的泥地上，警方发现了一些汽车的痕迹。种种迹象表明，尸体是被人从别处运来的。

根据车痕，警方很快查到，车子是属于离该地10公里一家出租公司的。出租车公司的人翻查记录，证实是一个叫山野的男子租了这部车。警方马上找到山野，向他查询。

山野说："别开玩笑了，我那天确是租了这部车子，而且四处逛了逛，但我没有杀人及运载尸体。"

警员问："你有什么证据？"

山野说："我的车子只走了16公里，但从这里到池塘，至少有10公里，来回一趟，汽车要走20公里，这不是最好的证据吗？"

警方再向出租车公司调查，的确，这部车按里数表的读数计算，只走了16公里。山野明明是杀人凶手，他用了什么诡计，改变里数表的数字呢？

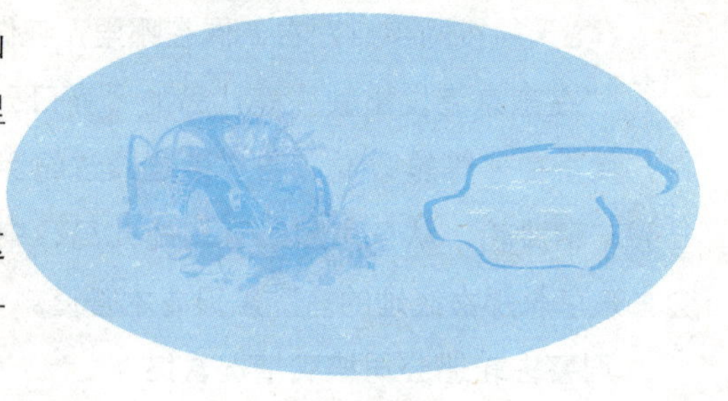

经过分析，探长解决了这个问题。请问，凶手耍的是什么诡计呢？

24.女王的难题

从前，有个女王很喜欢刁难大臣。每日在早朝完后，便要众臣陪同在宫殿周围散步，然后问一些稀奇古怪的问题。

一日，来到御花园，众人坐下观景，女王突然想出了一个自认为很刁钻的问题："你们有谁知道沙漠里有多少袋沙子？"

多少袋？谁能确切地答出来呢？众臣一个个面面相觑、诚惶诚恐。

女王很不高兴。这时，有个大臣胆战心惊地伏地启奏道："女王陛下息怒，我等不才，无法解答您的问题。臣知道有个孩子十分聪明，是不是把他找来试一试？"

不多时，那位大臣领着一个小孩来到大殿上。那孩子落落大方，进王宫毫无怯意。

女王命人又把那个问题说了一遍。

小孩子很快便说出了答案。

女王很高兴，重重地赏赐了他。你知道那个孩子是怎么回答的吗？

25.毒蛇杀人

事情发生在日本。一个晴朗的日子，一对喜欢徒步旅行的夫妇到京都郊外去采集山野菜。当他们走到一个小池塘边上的杂木丛林里时，突然发现地上倒着一个中年妇女的尸体，于是惊慌地报告了警察。

看上去这个中年妇女也是出来采山野菜的，采到的山野菜都装在塑料袋里。经过初步鉴定，死亡时间为前两三天，但在尸体上却找不到明显的外伤。

为慎重起见，警察把尸体交给大学医院解剖，医生们通过解剖发现，死者的血液里含有大量的卵磷脂酶。

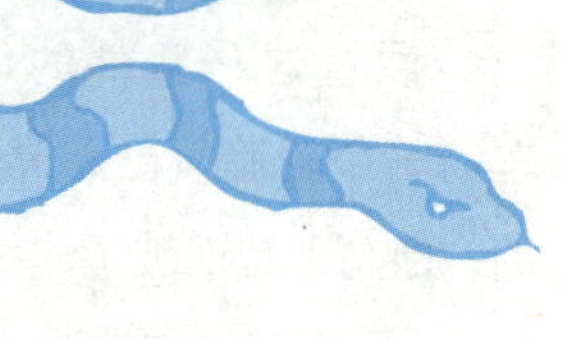

"卵磷脂酶是什么，先生？"年轻

的刑警听到陌生的专业用语，问解剖的医生。

“是蛇毒，这毒液进入身体的血液后，血清中的磷脂便分解成卵磷脂，大量地杀死红血球和细胞，以致夺去生命。死者左腿小腿上发现有两处被蛇咬的痕迹，一般蝮蛇习惯于咬长筒袜上方的部位。”医生详细地讲解着。

刑警想起现场的状况，会意地点着头。

可是，当他返回署里报告署长时，署长却发出疑问：“什么？蝮蛇！胡说！即使死因是蛇毒所致，也不是在这里被毒蛇咬死的，一定是个巧妙作案的杀人事件。”

年轻的刑警吃惊地问：“那又是什么原因呢？”

署长说：“罪犯将蛇毒注射到被害人的体内，再将尸体扔到杂木林里，伪装成被蛇咬的现场。而像被蛇咬的小小的伤痕，一定是用针注射的痕迹。尽管如此，也是个愚蠢的罪犯。”署长果断地下了结论。

请问，署长是根据什么下结论的呢？

26.中毒之谜

一天早晨，一富翁死在自己别墅的车库里。死因是氰酸钾中毒，是在准备出车库时，吸入剧毒气体致死的。

可是，案发那天，周围既无人接近过车库，现场也未发现有任何可能产生氰酸钾的药品和容器。那么，罪犯究竟是用了什么手段将富翁毒死呢？

调查这一案件的侦探发现，汽车的一个轮胎气已跑光，被压得扁扁的，他马上就识破了作案手段。

27.油轮杀人事件

一天，私人侦探霍桑的好友巴布警长突然找上门来，一副愁眉苦脸的样子。

“警长，看你那脸色，是不是又碰到无头绪的案子了？”

巴布警长毫不隐瞒地说：“让你说着了，就是想来听听名侦探的高见。”

“这次又是什么案子呀？”

“万吨油轮上船医被杀的案子。”

这个案子霍桑已从报上得知了，万吨油轮“北星一号”满载原油，从波斯湾路经印度洋正在航行时，一天早晨，在船尾甲板上发现了船医的尸体，是被匕首刺中了后背。死亡时间推定在晚上11时左右。

“找到凶器匕首了吗？”霍桑问道。

“没有，偌大个万吨油轮，想藏把匕首，哪儿不能藏呀？”

“也许被凶手扔到海里了。”

“不管怎样说，案件发生在十多天前，而且现场又是偌大的印度洋，事已至此，我们下手侦破也为时太晚了。”巴布警长有些悲观。

“可是，在航行中的船上杀人，是一种密室杀人啊，凶手只有使用救生筏逃走，别无他法。”

“救生筏一只也没丢，而且船员一共是40名，一个也不少。”

“那么，凶手必在其中，有没有具备作案动机？”

“有两个人。”巴布警长从口袋里掏出笔记本边看边说道。

“一个是二等水手森姆，是个赌棍。出海期间，不是玩扑克就是玩纸牌，光输不赢，曾向受害人借了近50万元的债。”

“受害人一死，这笔钱就不了了之了吗？”

“嗯，恐怕是的，但查过受害人的随身物品，没找到借据。”

“其他海员知道他借债的事吗？”

“大家都知道，听说船长曾警告过森姆，说如果再这样赌，就让他下船。对船员来说，下船就等于被解雇一样。”

“的确……那么另一个嫌疑犯是……”霍桑感兴趣地问道。

“报务员维柯。他是受害人的侄子，也是受害人唯一的亲戚，所以是遗产的继承人。”

“有多少遗产？”

“在郊外有一块很大的土地和房子。要是卖掉的话，是一笔可观的钱哪。”

“维柯手头拮据吗？”

“听说上个月在出海前出过一次交通事故，好像正苦于支付一笔赔偿费。”

“那么，杀人动机是充分的。”

“可是，光有动机而无物证是难以确定谁是凶手的。”巴布警长泄气地说。

“看你说的，证据不是很充分吗？”

“哦，什么证据？”

“就是尸体呀。”霍桑肯定地答道。

请问，凶手是谁呢？理由是什么？

28.泄密的蜡烛

布莱克探长到一个偏僻的小村子处理一个案件。村里有一对老姐妹，姐姐叫梅丽，妹妹叫丽曼，两人相依为命，靠开一家小店为生。日子过得非常俭朴，有一点积蓄。妹妹年轻时嫁过人，生了一个儿子叫马可。后来，她的丈夫不知去向，马可却长成了十足的无赖。

一天早上，邻居发现老姐妹家中遭到了抢劫。梅丽在窗前倒在血泊中，已人事不省。丽曼在床上，由于被刀刺中要害，已死于非命。

警察发现在火中有一把菜刀，刀把已被炉火烧掉，查不到指纹。尽管这样，警察还是把疑点集中在马可身上，因为他有谋财害命的杀人动机，有行为不端的杀人基础，还留下了杀人的证据——在丽曼的床上发现了他掉下的一粒扣子。

探长接到案情报告以后，赶到这个小村子，在拘留所里讯问了马可。马可说，那天傍晚去了母亲那里，先活剥了一只兔子吃了解馋，再将一件衣服脱给母亲，让她把扣子缝好。

母亲在缝衣服时，叫他打开抽屉，拿出一只皮包，清理皮包中的票证和现款。他办好这些事就回家了。后来听说两个老人一死一伤，他也感到非常吃惊。

“你姨妈对你怎样? 当时她在干什么? ”探长问。

“她一直嫌弃我，当时她也在场，不断地用白眼看着我。”马可回答说。

探长到了现场，梅丽浑身包扎着纱布躺在床上，僵直得像死人一般，只有两只眼睛注视着探长的一举一动。那只旧皮包还在地上，上

面明显地留着马可的指纹。

里面的票证丢散在外，一些重要的借据和3万元钱现金却不见了。桌上有一支蜡烛，从残留的烛泪看，这支蜡烛昨晚曾使用过。

察看了现场后，探长脑子里很快产生了一系列的疑问。如果马可是凶手的话，他烧掉刀把消除指纹，为什么皮包上的指纹不加以消除？再说，他是傍晚来的，那时还不需要照明，就是需要照明，屋里有灯也不需要点蜡烛，那么是谁点的蜡烛，为何要点蜡烛？

探长拿着那支蜡烛，顺着蜡烛流下的烛泪，他来到了连通房间的储藏室。在那里的一只木桶上，发现了一滴烛泪。

这只木桶是一只用完了存货的油桶，全密封性质，只留下一个倒油的小洞。难道木桶中有什么奥妙？但他想到失落的3万元钱现金和部分重要借据，就一切了然于胸了。

于是探长断定凶手就是梅丽。那么，你知道探长是怎样推理的吗？

29.哪里出错了

最近，著名的劳尔探长一直在调查市政府官员詹姆森被害的案子。这天黄昏，他驾车来到海边的港口，踏上一只帆船，找到了涉嫌者鲍里金。

鲍里金听劳尔探长说他的朋友詹姆森被人杀害后，惊得嘴里的雪茄差点掉下来。探长向鲍里金打听，出事的时候——也就是那天下午2点至4点，他在什么地方。

鲍里金歪着头想了想，说："哦，那天天气很好，中午12点，我顺风驾船出海办事，不料船开出两个小时后，发动机就坏了，这时，海面上一丝风也没有，船上又没有桨，我的船被困在大海上，无法靠岸。情急之下，我在船上找到了一块大白布，在上面写上‘救命’两个黑色大字，然后把桅杆上的旗子降了下来，再把这块白布升上去。”

“哦？”劳尔探长很有兴趣地问，“有人看见它了吗？”

鲍里金笑着回答：“说来我也挺幸运的，大概半小时后，就有人驾着汽艇过来了，那人说他是在3英里外的海面上，看见我的求救信号的。后来，他就用汽艇把我的船拖回了港口，这时候已近黄昏了。”

鲍里金说完，轻轻地呼了口气，谁知劳尔探长却对他说：“鲍里金，假如现在方便的话，请马上随我到警局走一趟。”

鲍里金的脸刷地白了：“这是为什么呀？”

那么，你知道这是为什么呢？

30.巧妙逃跑

在到处是树林的爱尔兰高原上，有一幢19世纪末建造的男爵的别墅。一天夜里，有个蒙面强盗潜入室内，把男爵夫妇用绳子捆绑起来关进厕所里，盗走了大量的珠宝。

接受调查这个案件的是布莱克，当他知道案发的前一天惯盗朗班在伦敦滞留的消息后，猜想一定是他作的案，便马上来到朗班下榻的伦敦饭店走访。

“朗班先生，上周六晚上去过爱尔兰高原的别墅吧？因为有人看见了，所以你想赖是赖不掉的。”布莱克说道。

“是的，我是去过。出了什么事儿吗？”

“那天夜里男爵的别墅进去一个蒙面强盗，抢走了男爵夫人的珠宝后逃跑了。那个罪犯就是你吧？”

“胡说什么！事情到底是什么时候发生的？”朗班一本正经地反问道。

“罪犯盗走珠宝的时候，用绳子把男爵夫妇捆起来，不知为什么又把他们关进厕所里。事后男爵说是晚上9点零5分，他看了一眼卧室里的钟。”

“如果是9点零5分，我有当时不在作案现场的证明，我不是强盗。那天夜里我是在S车站乘21点16分的夜班车赶回伦敦的。从男爵的别墅到S车站无论如何10分钟是不够的。”

“噢！看来你对男爵的别墅很熟悉呀。”布莱克讽刺地说。

“去年赛马时应邀去住过一夜。”惯盗朗班强打着笑脸说。

男爵的别墅离S车站有相当远的一段路，再近的路步行也得30分钟，因此，朗班从S车站乘坐21点16分发的夜班车如果属实，他不在作案现场的证明是成立的。

布莱克侦探已经去过S车站，让车站工作人员看过朗班的照片，证明他没有说谎。那天从S车站上车的旅客只有朗班一人，并且他也没有化装，车站工作人员及列车员都清楚地记得他。

“可是，朗班先生，10分钟之内是有办法从别墅到S车站的。”布莱克侦探说。

“比如我是搭上一辆马车逃跑的——”

“不，对于你这个诡计多端的人来说，你绝对不会乘别人的马车。男爵的别墅里倒是有个马棚，并且还有一匹马，马棚外面还有一辆自行车。”

“接下来你会说我使用了这两种工具的一种。如果那样，我就会把它扔到车站附近的什么地方。你找到那种工具了吗？”朗班理直气壮地反驳。

“不，男爵夫妇一个小时后挣脱了绳索，出厕所去查看四周情况时，看到马仍在马棚里，自行车也放在原处未动。可是，马棚的门从里面是推不开的，只有从外面推才能推开。所以，朗班先生，我已经清楚你搞的什么把戏。还是把偷去的珠宝老老实实地给我还回去，否则我要报警了。”布莱克威严地说。

请问，惯盗朗班用什么工具只花了10分钟就逃到了S车站的呢？

31.“愚蠢”的犯人

早晨，送早餐的女仆发现议员查理士先生的妻子梦露沙夫人被杀害了。梦露沙夫人身穿睡衣，倒在卧室地板上，头部血肉模糊，已经没有了呼吸。

女仆吓得当场就晕了过去，管家随即报了警。因为涉及议员，当地警局非常重视，他们派出了最精干的警探，还特地邀请马可侦探前来协助调查。

马可到达现场的时候，初步调查已经告一段落。经法医确认，梦露沙夫人是被钝器狠狠敲击后脑，导致颅脑损伤而死亡的，死亡时间大约是晚上11点到12点之间。

凶手没有在现场留下任何痕迹，没有指纹，没有脚印，没有目击者，好像是一起古堡幽灵式的恐怖事件，而不是某个人精心策划的谋杀案件。

马可仔细检查了现场，发现在床下有一把手枪，经过检验，手枪枪柄上有受害者的血迹，看来它就是杀死梦露沙夫人的凶器。可是，现在事情越发变得奇怪：既然凶手有手枪，又为什么要把它拿来当锤子用呢？这是完全没有道理的。

“天哪，我亲爱的梦露沙！”刚从外面回来的查理士先生一脸悲伤。他告诉马可，他昨天整夜都在伦敦参加一个讨论会。接着他紧紧拉住马可的手说：“我愿意悬赏10万英镑抓住那个残忍的凶手，请您一定帮我！”

马可安慰了查理士，然后和警探们开始讨论案情。由于线索太少，能够圈出的嫌疑人仅限于仆人和管家，但都一一排除掉了。最后，大家全用期待的眼光看着马可，等待这位大侦探发表评论。

马可反复思考关于手枪的问题：为什么一个凶手有手枪不用，要把手枪当锤子来用呢？这不是非常愚蠢吗？那这究竟是什么原因呢？

马可忽然想到了什么，他大声对警员们说：“我知道凶手是谁了！”

32.说谎的兰尼

一天，山姆斯饭店举办盛大的首饰博览会。来自世界各地的珠宝商、工艺品设计专家云集一堂，澳大利亚珠宝设计新秀甄妮应邀前来，展示她新设计的蓝宝石系列首饰。

山姆斯饭店派兰尼小姐用专车把甄妮小姐从机场接来，安排下榻在3楼的贵宾室。兰尼小姐就是3楼贵宾服务人员的领班。

兰尼从甄妮手中接过手提箱，放在床边的矮柜上。

“热水随时都有，你可以先洗个澡松弛一下。需要什么请尽管吩咐。”兰尼退到门口说。

“你这主意不错，”甄妮感激地说，“房间由我来收拾吧。不过，有一件事真要麻烦你，明天早晨给我送杯牛奶来行吗？”

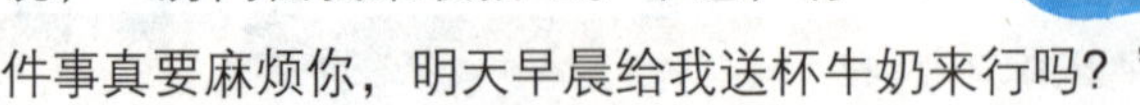

第二天清早，甄妮一睁眼就去按电铃，指示服务员把牛奶送到房间来，她进了盥洗室。

当她刷好牙，正当她用毛巾清洗脸上肥皂的时候，突然听见门边啊的一声惊叫，接着是扑通一声，甄妮浑身战栗了一下，立刻转身奔向门厅，定睛一看，只见兰尼歪倒在房门口，一道殷红的鲜血从兰尼额头流淌下来，滴溅在绿色的地毯上。

甄妮见她额上的鲜血不停地流下来，急忙去找东西帮她止血。她想到床头的枕巾，急转身奔向卧室。当她拿着枕巾回到房门口时，她突然觉得有些不对头，回头一看，只见床头柜上空空荡荡，装满珠宝的手提箱不见了！

顿时她脸色煞白，浑身打战，捂着唇惊呼一声："我的天啊！"立刻报警，然后就跌坐在地毯上……

波洛探长赶到现场时，兰尼已进入了甄妮的房间。波洛探长问："发生了什么事情？"

甄妮流着眼泪告诉波洛探长说："我的手提箱不见了！"

兰尼接着说："刚才，我给甄妮小姐送来一杯热牛奶。可当我刚跨进甄妮的房间，就觉得耳边有一阵风，没等我回头，头上就被硬东西砸了一下，顿时栽倒在地，恍惚间好像看见一个蒙面歹徒，拿着甄妮的手提箱从我身上跨过逃走了。"

"这么说，你没有看见他的长相？"兰尼无力地点头说没有。

探长走到床头柜前，见柜上放着一杯牛奶，就对甄妮说："喝吧，牛奶还是热的。"

"谢谢！我现在喝不下去。"甄妮泪如泉涌。

兰尼摸了摸杯子说："凉了点，我再去给你热一下。"说着端盘转身要走。

探长用手臂挡住她的去路："算了吧，兰尼小姐，你还是让你的同伙把甄妮小姐的手提箱交出来吧！"

请问，探长为什么这样说呢？

33.小偷敲门

加利探长是个集邮爱好者，一年夏天，他到一个海滨城市度假。正巧，这儿有个集邮者聚会，他便参加了，聚会连续举行了好几天，每晚都要在协会成员中进行邮票交换活动，探长也像大多数到会者一样，在举行会议的旅馆三楼租了个单间。

这是一幢四层楼的旅馆，大楼的三四楼全是单人房间，双人房间则在二楼。因为有很多集邮迷在旅馆过夜，他们放在旅行包里的珍贵邮票，就更有保管好的必要了。

在集邮爱好者共进晚餐时，探长回房间去取烟斗。当探长正在四处寻找时，响起了敲门声。探长没有在意，也没有吱声，过了一会儿门就被轻轻推开了，因为探长刚进来时并没有把门关死。

一个年轻人悄悄地进来，当他见到探长时，便止住了脚步，结结巴巴地说："对不起，我走错房间了！"

探长客气地说："没什么，这是常有的事！"

年轻人离开房间后随即上了楼梯。探长在后面注视着他，在年轻人的身影消失后，探长没做更多的思索和联想，就打电话报告了警察——他断定这是个贼！

15分钟后，警察赶到旅馆，在探长的协助下，很快就在作案现场逮住了这个年轻人。警察从他身上搜到了偷来的现钞、珍贵的首饰和好几本集邮本，还有私配的钥匙，这一切都证明了这家伙是个贼！

请问，探长根据什么立即断定这年轻人是贼?

34.他在撒谎

莱克探长正在吃饭，突然，电话铃响了。莱克探长接完电话说："唐人街的点心店被抢了，我要赶到现场去。"

探长一边收拾东西，一边接着说："有人正好看见哈波特从店里跑出来。"

"哈波特不是关在监狱吗？"探长太太说。

"是的，不过，他判了5年徒刑，刚被放了出来，目击者只是看了他一眼，也有可能看错了，我得问问哈波特本人去。"探长边说边往外走。

警车在城西角的公路上停下来，探长看见院子里停着一辆黄色的轿车，一个高个子青年站在大门口，怀里抱着一个一岁半左右的赤脚小男孩。

探长大声命令哈波特："把孩子放下，举起手来！"

哈波特把光脚丫子的小男孩放在黄色轿车的挡泥板上，然后举起手问道："探长先生，这是为什么？"

"唐人街的点心店被抢了，1小时前，有人看见你从那家点心店里跑出来。"

哈波特听了哈哈大笑："1小时前我根本不可能在唐人街，我一整天都——"

哈波特刚说到这儿，探长突然大叫一声："危险！"一个箭步冲到小男孩跟前。

原来小男孩不知什么时候爬到汽车引擎罩上去玩，不小心滚到引擎罩边缘，眼看就要掉下来了。探长冲过去抱住了小男孩。

"啊，谢谢你，探长先生，"哈波特说，"这是我的外侄。"

探长接着问："你要如实告诉我今天你在哪里。"

“我今天一早就开车到远离本市几百里的海滨去了，要说1小时前，我还在路上拼命赶路呢，您这会儿来，我才到家里5分钟。”

探长看了看手表：“这么说，你12小时开车跑了将近1000公里路程。不过，6点前后，你遇到过谁没有？”

“我4点左右加过油，买了个汉堡包，然后我就直接回家了，点心店的抢劫案和我一点关系都没有。”

“你说的都是实话吗？”

“句句属实，坏事我早就不干了。”

但探长马上指出他是在说谎。请问，你知道这是为什么？

35.神秘的罪犯

在海边沙滩上，发生了一桩离奇的命案，死者是黑社会某帮头子。本来，像死者这样的人应该有保镖跟随。但在案发当日，死者却想独自享受日光浴，因此把保镖支开，想不到就出事了。

莫斯探长很快赶到现场。探长在审视现场环境时，发现死者是在沙滩上被人用太阳伞伞尖刺毙的。他还发现了一些奇怪的现象：沙滩上除了保镖的足迹和那些东倒西歪的桌椅外，再也找不到第二个人的足迹(包括被害者的在内)。既然这样，凶手是怎样逃走的呢?

探长沉思了一会儿后说：“我知道谁是凶手了。”

那么，你知道凶手是谁吗?

36.名画在哪里

大盗菲米将英国美术馆珍藏的世界名画全部盗走，计划装在朴次茅斯港起程的客货轮“凡尔赛号”上运往法国，当然，由于是赃物，还须瞒过海关再悄悄偷运出去。

当著名侦探山姆知道了菲米的这一计划后，立即赶赴朴次茅斯港。

“凡尔赛号”上堆满了货物，眼看就要起航了，山姆同海关人员一同上船，对船上所有货物进行检查。虽然查遍了船内的上上下下，可是连世界名画的影子也没见到。

“菲米！你把东西藏在什么地方了？还是老老实实地说出来吧。想把名画用这条船运到法国，这事我已经知道了。” 山姆追问道。

“山姆，你真是个疑神疑鬼的人啊。这条船上哪有什么名画呀，要是不信，就随你搜好了，反正都是白费劲儿。” 菲米嘲笑道。山姆怎么找也没找到，就连山姆自己也灰心了。

“山姆，要是怀疑消除了，就放我们走吧。那么，再见。” 菲米说完就命令船长开船。“凡尔赛号”鸣着汽笛，徐徐离开了深水码头，被两艘拖船一直拖到港外。菲米站在“凡尔赛号”的甲板上，得意地向山姆摆着手。

山姆站在码头上，遗憾地望着船远去。不多久，船似乎到了港外，两艘拖船返回来了。

“糟了，上菲米的当了，名画就在‘凡尔赛号’船上。”当山姆发现菲米的巧妙计谋时，已经晚了——“凡尔赛号”已经径直开出多佛尔海峡驶向法国。

大盗菲米到底将名画藏到什么地方出港的呢?

37.被偷的所罗门王冠

大实业家松下吾郎的家里来了一个电话："是松下先生吗？"

"是我，你是哪一位？"

"我是恶魔滑稽师。"

松下厌烦地说："又是恶作剧瞎打电话，如果没事我就挂电话了。"

"别挂，我不是恶作剧。跟你实话实说了吧，我是看上了你珍藏的那个所罗门王冠。"

松下的脸刷地变得苍白。这个"所罗门王冠"是件稀世珍宝，王冠上镶嵌有二十几颗五光十色的珠宝，有钻石、红宝石、绿宝石、蓝宝石，其中尤以王冠正面镶嵌的一颗大钻石为最。"所罗门王冠"现收藏在松下书房的保险柜里，保险柜是特制的，极其坚固。

"今天我就去取，你报告警察也无妨，恐怕他们也帮不上你的忙。不过你将王冠锁在保险柜里很不安全，连没了你都不知道。总之，你要多留神，再见！"

电话挂上了，大惊失色的松下慌忙报了警。约十几分钟后，警长率10名警察赶到。

"我已在贵府里外布置了人员，您放心。"警长说。松下紧张的心稍稍放松了一点儿。

"所罗门王冠放在哪个保险柜里了？"警长指着书房角落的保险柜问。

"平时总是寄放在银行租用的保险柜里，因为明晚有个朋友想来看看，这才从银行取回来。对了，趁你们在这里，还是确认一下好。"

松下清楚地记着恶魔滑稽师说过的话，所以他要打开保险柜看一下"所罗门王冠”是否还在。松下从保险柜里取出的王冠五光十色，光彩夺目。

“啊，太漂亮了！”警长不由得叫出声来。

事情就发生在这一瞬间，突然，房间里的灯灭了，四周变得一片漆黑，接着就听见窗外传来一声枪响。警长向窗外大喊了一声：“到底出了什么事！”屋内的人都不约而同地拥向窗边。

在窗外监视的警察慌张地报告：“院子的角落里突然蹿出一个可疑的身影，朝天开了一枪就跑掉了。”

很快来电了，屋里又亮起来。屋子还是一样，除了一张颇为豪华的桌子和几个大沙发，就是和刚才同样的几个人。

就在这同时，松下悲伤地惊叫起来：“所罗门王冠不见了！”刚刚还在桌子上的王冠突然不翼而飞。

“真见鬼了！房间都锁着门，所有通道都有人把守……”警长对在场的5个人都仔细进行了搜身，没有发现王冠。

请问，恶魔滑稽师是如何从戒备森严的房间里盗走王冠的呢?

38.苹果作证

威廉探长接到一位科研所所长的报告，说他刚接到一个恐吓电话，要他把一份绝密文件交出来，否则就要他的老命。没有办法，他只好请探长晚上7点到他家，再详细谈谈情况。

晚上7时，探长准时赶到所长家里，按了门铃，却不见回音。他见房间里灯亮着，无意之中拧了一下门把手，发现门竟是开着的。探长冲进屋里一看，只见所长昏倒在沙发下面，旁边扔着一块散发着麻醉药味的手帕。

这时，只见所长慢慢地睁开了蒙眬的双眼，本能地摸了摸自己的衣服口袋，失声叫了起来："完了，那份绝密文件被人抢走了！"

探长一听，忙问："是什么人？什么时候？"

所长看了看手表，说："大概30分钟前，我一边看电视一边吃苹果，听到门铃响了，我以为是你来了。不料一开门，我被两个男人用枪顶了回来，开口就问我要那份密件，我佯装不知，他们立即用手帕捂住我的嘴巴和鼻子，以后我就什么也不知道了。"

果然，所长咬过一半的苹果正滚在电视机下面，电视机电源已断了。探长从电视机下面捡起了那只苹果，瞧了一眼，说："所长，是你自己卖给他们的吧！"

所长一听，大吃一惊，说："我？岂有此理！"

"你别演戏了，罪犯就是你自己！"探长看了所长一眼，把手中的苹果扔在他面前。所长一看，脸色变得灰白，无可奈何地把藏在冰箱里的大包美元交了出来。

请问，你知道探长是怎样识破所长的假象的吗？

39.脚印的秘密

在一个积雪厚达30厘米的严冬的早晨，四周白雪皑皑，罪犯在自己家中杀人后，穿过一片空地，将尸体扛到邻居一所正在建造中的空房内，转移了杀人现场。然后他顺原路返回家中，拨通了报警的电话。

几分钟后，警长巡逻车赶到，罪犯装作发现者的样子，若无其事地说："今天早晨，我想扫雪，去邻居家的空房里找推雪板，却发现了一具年轻的尸体，着实把我吓了一跳。因为空房周围没有被害人和凶手的脚印，只有我一个人进出的脚印，所以此人肯定是昨天夜里下雪以前在空房里被杀的。”

警长闻讯后，查看了报案者往返现场时留在雪地上的脚印，便厉声呵斥说：“你在说谎，凶手就是你！”

请问，警长到底发现了什么证据，使他识破了罪犯的谎言呢？

40.金币藏在哪里

布莱克探长接到他的朋友——收藏家凯恩的电话，说有一枚稀有的古金币要拿到市场拍卖，为了安全，请探长陪他一起去。

探长下午如约赶到，想不到呈现在眼前的竟是凯恩的尸体。他被钝器击中，死了不到半小时。

探长翻转凯恩的尸体，发现上衣翻领上有一枚绿色三叶形的徽章，徽章后面有一样东西闪闪发亮，仔细一看，正是那枚古金币，藏在徽章的夹层中。他将金币放回原处，又把尸体脸朝下翻回原状，若有所思地凝视着死者身上外翻出来的衣兜。

当他察看这位独居死者的厨房时，凯恩的侄子汤姆走了进来，见状惊问是怎么回事。探长从碗橱里取出一个茶叶罐，打开盖子让汤姆拿着，自己则边从罐中取茶叶，边说：“今天早上，你叔叔打电话叫我下午来陪他到市场拍卖一枚古金币，很显然，凶手是想抢在我的前面。看来凶手是搜遍了尸体，但一无所获，因为你叔叔没有把金币放在衣兜里。”

探长停顿片刻，将一壶水放在炉子上说："你替我把它拿出来吧，它就藏在叶子下面。"汤姆立即放下手中的茶叶罐，离开厨房。过了一会儿，他从叔叔身上找到了金币。

"为什么要谋杀你叔叔？"探长厉声责问汤姆。

请问，探长为什么认定汤姆是凶手呢？

41.用左手自杀

"我把来访的两个客人带进会客室时，他已经死了。"死者的妻子说。死者是一个知名的画家，死因是被手枪子弹击中头部。当时，他的左手握着一枝手枪，外表看来，好像死于自杀。

查克斯探长展开调查，询问所有有关的人物。来访的两个客人中，一个叫龟七郎，他是死者妻子的旧恋人，3年前去巴黎，两天前才返回此城。另外一个叫小田野夫，他也是一个画家，和死者并不认识。他这几天一再到死者家中，因为他说死者盗用了他的作品，故前来追究。

两个人都和死者有仇。不过，死者也不是没有自杀的动机。死者的妻子曾对警方表示，两个月前，死者生病后，左手麻木，不能再拿画笔，这使他十分沮丧。

最后，查克斯探长确定两个客人之中，有一人一定是凶手。请问，你能判断出谁是凶手呢？

42.绅士幻影

一天，霍桑侦探社来了个陌生客。客人是戴黑边眼镜、蓄胡子、年约50岁的中年绅士。他请人保护自己，因有人要暗杀他。

他已经结婚20年，夫妻恩爱，但有一个鲜为人知的秘密——就是他在外面有一个二十出头的年轻小姐，彼此交往甚密。而该女子亦有一个法国男友，最近，法国男友得知自己的女朋友与中年人的密切关系后，非常妒忌，除派人跟踪他们外，更扬言要杀死那中年人。

最近，他太太正外出旅行。就在昨晚，他加班回家，开启家门，只见屋内一片凌乱，心知不妙，特来请求霍桑帮忙。霍桑只得答应叫他明早再来研究对策。

第二天早晨，霍桑被报上的头条新闻所吸引：昨天一个绅士惨遭暗杀，霍桑细看照片，原来是昨天所见的男子。

霍桑急忙赶赴现场。发现尸体安放在床上，脸被毁容、无法辨认。警方凭死者指纹，配合现场环境，推测疑犯可能撬开窗户，潜入屋内，把熟睡中的户主杀害，并在书桌上发现一张法文的报纸。

霍桑于是把昨天陌生人到访他的事，向警方陈述。警方于是登报通缉女子及她的情夫——法国男友。

不久，被害人的妻子旅游回来，知悉丈夫遇害，非常伤心，对于丈夫有外遇一事甚感奇怪，因为20年来，丈夫是个顾家、爱护妻儿的好先生。

此案一直没有破案的头绪。一天，当霍桑和助手在一餐厅吃饭时，突然听到邻桌有一个熟悉的声音，循声音看去，发现绅士妻子正与一陌生人谈话。这时，他们才恍然大悟，知道是什么一回事了。

请问，你知道这是怎么回事吗？

43.青铜器杀人

一天，F市的名人黑木大郎先生来警察局报案。据他说他的妻子被人杀死在家中。

然后，警察跟他来到了现场。经勘查，死者是被什么重物敲击了后头颈部，导致大量出血死亡的。现场没有什么搏斗的痕迹，显然凶手是在被害人不设防的情况下下手的。这点说明凶手很可能是死者所熟悉的人。

此外，在现场还找到了一只青铜鼎。经检验，鼎上有许多一个人的指纹，上面的血迹证明这就是杀害黑木夫人的凶器。黑木先生说这个青铜器是他最近刚收集到的一个价值很高的古玩。他曾经邀请过一个朋友鉴赏过，他妻子也认识这个朋友。

很快黑木先生的朋友被传讯，朋友听说此事大呼冤枉。他说："前几天，黑木先生打电话让我去他家，说刚刚收买一只青铜鼎，要我帮他鉴定一下。我当时还拿着鼎帮他估价，后来我就走了，并没有发生什么凶杀呀！"

警察听罢他诉说之后说："我知道谁是凶手了。"

那么你知道谁是凶手吗?

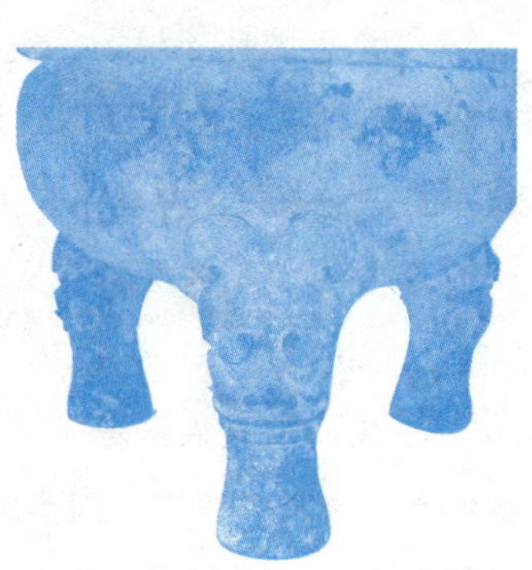

44.杀人的音乐家

直到音乐会开幕的当晚，著名指挥家格雷对他的两个得意门生巴蒂和埃利谁将首次登台独奏小提琴，仍然犹豫不决，开幕前15分钟，他才告知巴蒂准备出场演奏，然后将这个决定告知埃利，埃利感到很遗憾。

10分钟之后，格雷去叫巴蒂准备出场，却发现巴蒂倒毙在小小的化妆间，头部中弹，血流满地，格雷慌忙敲开舞台侧门，将这一惨案报告给尼斯探长。

探长见开场时间已到，就极力劝格雷先别声张，继续演出，然后他走进埃利的化妆室。埃利听到最后决定让他登台时，没有询问情由，便拉拉领带，拿起琴和弓，随格雷登台了。

当听众如痴如醉地沉浸在优美的乐曲中时，尼斯探长却拿起电话通知警察前来逮捕这位初露头角的青年小提琴手。

请问，探长为什么要逮捕埃利?

45.作家的遗书

一天，警察局接到一个报警电话，霍金先生的管家达森说，他的主人在焚烧了所有的稿纸之后，开枪自杀了。

探长立即带着警察来到山间别墅。在现场，他们发现壁炉里有许多烧尽的纸灰，霍金本人捏着枪，太阳穴中了一弹，桌子上有遗书，上面写着：“我已面临绝境，只能选择开枪自杀……”下面留有他的签名和手书的日期。

化验显示，枪上只有霍金的指纹，子弹和枪里的一样，遗书是死者在惯用的稿纸上写的，完全是他的笔迹，壁炉里残存着纸灰，字迹已经无法辨认，质地和作家所用的稿纸一样。

当这一切都得到认可以后，警官们一致认为自杀的结论是可以成立的。但是，负责写报告的亨利探长却犹豫了，他有不同的看法：这位作家为什么要自杀呢? 于是他又进一步开展了调查。

在霍金的出版商里克那里，探长听到了跟自己相同的结论。里克惊讶地说：“不可能，绝对不可能！他跟我订了合同，打算写3本惊险系列作品，他的作品很畅销，怎么会自杀？”

听说有人分析霍金精神失常，这位出版商立即反驳：“霍金思维敏捷，正当中年，他的事业如日中天，说他发了神经病，简直是无稽之谈！”

探长取出作家遗书的复印件，向这位出版商讨教。出版商仔细看了几遍，立刻恍然大悟地向探长指明了遗书的来历。

于是，探长立即断定，杀害作家的凶手正是管家达森。请问，探长是如何判断的呢?

46.开关在哪儿

埃克在一家美术公司工作，一天，他送一幅画到米勒先生家去。来到米勒的寓所，他发现大门敞开着。就在这时，他突然听见从屋里传来阵阵痛苦的呻吟声，他进去一看，不由大吃一惊，一个警员负伤倒在地上。

看到这幕景象，埃克不知所措，负伤的警员忍痛发出微弱的声音：“秘……密地道……逃走……了。”说着右手指向床底。埃克发现有一块板子，大概凶手是从这儿逃走的吧！

“掀……板开……关……米……勒……”说完，该警员就断气了。埃克来到床底，想要掀开板子，但使尽力气还是打不开。

“开关……米勒……他是否说开关设在米勒的画像后面？”于是埃克走到钢琴旁边，将画像拿下，看到粉刷得雪白的墙壁，但还是找不到开关。

正当他不知所措的时候，尼克探长来了。他突然灵机一动：“啊！原来秘密就在这儿。”于是顺利地找到了地道开关。

请问，你知道地道开关在哪儿吗?

第二章

数字推理篇

为什么高明的侦探家能够很容易看破其中的玄机，快速破案呢？很多人会觉得他们拥有特异功能，所以才能很快弄清楚事情的来龙去脉。其实不然，看看这一章你就会明白了！

1. “袋鼠”行动

圣马丁警官是K国缉毒部门的负责人，从一年前上任到现在，已经有数十名毒贩被他抓捕归案，在K国边境地带公开的贩毒活动完全消失。

许多毒贩只好潜逃到和K国接壤的L国境内，他们把基地搬到了警备松懈的L国边境，然后每天派小股人马外出兜售，最后到L国境内成交。

他们知道圣马丁的缉毒分队只能对自己国境内的犯罪活动进行打击，不能越境抓捕罪犯。便和圣马丁玩起了“猫和老鼠”的游戏。每当马丁出动警员准备抓捕的时候，他们就立刻逃到L国，缉毒队员只能干瞪眼。

圣马丁经过长时间的秘密策划，制定了一个代号叫做“袋鼠”的秘密行动。他们决定趁着夜色，快速到毒贩在L国的藏身地点，一举把所有毒贩都缉拿归案，然后把所有的毒品都带回销毁。当然，这样的行动必须速度很快，否则惊动了L国的话，将引起外交上的麻烦。

这天夜晚，圣马丁和缉毒队员们悄悄潜入L国境内，缉毒队员在不到一分钟的时间里，无一漏网地就把毒贩轻易抓获。

在这个时候，查缴毒品却遇上了麻烦。因为毒贩们把毒品放进了木头里，在整整7根一般大的木头中，只有一根是挖空藏有毒品，可是到底是哪一根呢?

要是没找到毒品的话，是无法给毒贩定罪的，毒贩非常清楚这一点，他们死活不肯说。一位下属提醒圣马丁，装有毒品的木头一定比普通木头轻，其余6根普通木头都是一样重的，可以在现场用一块钢板和一个水泥墩做成简易天平，逐个检验，从7根大木头里挑出藏有毒品的一根。

这是个不错的办法，可这时他们要尽快离开L国，没时间一根一根地测量。在

紧要关头，圣马丁稍微思索了一下，便用最简单的方法完成了7根木头的比较，找出了藏有毒品的那根木头，顺利完成了任务。

聪明的读者，你知道最少称几次，可以把装有毒品的木头找出来吗?

2.破解遗嘱难题

一天下午，戈尔警长刚刚走出公寓，就被两个年轻人拦住了。他们急切地询问道：“请问你就是戈尔先生吗? 快帮帮我们吧，我们都快被那个无赖气死了！”

戈尔把两人带回客厅，询问他们到底发生了什么事。

一个青年说道：“戈尔先生，我们的父亲和杰斯的父亲合伙买了一幢豪宅，以及豪宅后面的一大片果园。可我父亲不知是受了什么迷惑，他竟立下了把豪宅留给杰斯家，只留下果园给我们的遗嘱！”

“根据我的看法，”戈尔听完缓缓说道，“这件事虽然对你们很不公平，但是立嘱人的意思应该受到尊重。所以，我帮不了你们。”

另一个青年人忙说：“不，你误会了。我们不想和杰斯争夺房产，可我们都不住在伦敦，没办法经营果园，便要求杰斯家折价给我们。可是，这些无赖以无法估价为由拒绝了我们！”

“现在由于时间久远，我们也弄不清楚果园到底值多少钱。”青年补充道，“我们翻阅了当时的记录，记录上这样记载：我父亲准备要杰斯家给他杰斯家现金量3/4的钱，再加上他自己的钱，买下这幢价值500万英镑的宅子，而杰斯

家剩下的钱刚好够买下果园。后来，杰斯家提议，我父亲拿出自己的2/3的钱给他们来购买房产，而我父亲剩下的钱也刚好够买果园。”

另一个青年忧心忡忡地说：“这可真是一笔糊涂账啊！谁知道这果园到底价值多少钱呢？要是——”

“先生们，”戈尔说话了，“我已经计算出你们果园的准确价值了，你们可以去向杰斯家要钱了。”

两个青年人目瞪口呆，他们没想到戈尔竟然这么快就解决了这个难题。那么，你知道戈尔是怎么计算出来的吗？

3.奇怪的短信

一天晚上，一家银行被盗了。值班的两个女职员都受了重伤，而且处于昏迷之中。这个案子立刻成了各家媒体的头条新闻，群众对此案都很关注，要求警方赶紧破案。

公安局高局长觉得此案很棘手，于是马上叫来刑侦科长李克，命他接手此案。李克点了几位精明强干的同志，组成了侦破小组，并向本市交通、运输、邮电、通信等部门发出紧急通知，要求他们一有可疑情况马上报告给警方。然后他和组员在全市的各大宾馆、旅社展开了地毯式的大搜查。

一连几天过去了，还是没有搜到犯罪分子。正当李克他们疲于大海捞针时一个电话点燃了破案的希望。

电话是李克的同学肖方打来的，他是通信部门的局长。肖方说通信部10分钟前接到几个很奇怪的短信。短信的内容都是“1257”，并且都是从同一个手机上发出的。

“你等着，我马上来。”李克火速赶到通信部。后来通过从手机号码上顺藤摸瓜，终于抓获了这名犯罪分子。经过苏醒过来的女职工的辨认，他正是当时的抢劫犯之一。最后这名犯罪分子交代了其他的参与人员，警方一举抓获了所有的罪犯，破了这个大案。

你知道李克他们到底是如何根据短信的内容判断出发短信的人就是罪犯的吗？

4.藏在骨灰盒里的钻石

船长站在逆水而行的游艇驾驶室里，正用望远镜远眺。这时，大副走进来对他说：“罗斯太太丢了东西，她想同你谈一下。”船长点了一下头走出了驾驶室。

罗斯太太身穿丧服，正站在走道里等他。一见船长，罗斯太太连忙说道：“船长先生，我带的一只骨灰盒不见了！”

“太太，先别急，好好想想看，骨灰盒恐怕没有人会偷吧！”

“不，不！”罗斯太太急切地解释道，“它里边不仅有我父亲的骨灰，而且还有3颗价值30万马克的钻石。我把钻石放在骨灰盒里，本以为骨灰盒总不会有人偷的，没想到还是被人盯上了。”

船长听罢原委，立即对游艇上所有进过罗斯太太舱房的人进行调查，并记录了如下情况：罗斯太太的女友里丽，9点左右进舱同罗斯太太聊天；9点零5分，服务员安妮进舱房整理，两人便到甲板上闲聊。

罗斯太太9点10分回舱房取

外套，发现服务员安妮正在翻动她的行李。罗斯太太很生气，两人便争吵了10分钟，直到9点20分。9点25分，里丽又进舱房邀请罗斯太太去甲板上观赏两岸风光，顺便透一下气，罗斯太太因情绪不佳，没有答应。

9点30分服务员离开后，罗斯太太发现骨灰盒已不翼而飞了……

如果罗斯太太陈述的事实是可信的，那么，窃贼肯定是安妮与里丽两个人中间的一个，也可能是同谋。正在船长思索之际，有个船员跑来向船长报告说，他隐约看见船尾波浪中有一只小木盒。

船长赶到船尾一看，果然如船员所说。于是，他下令返航打捞。此时是10点30分。到11点45分终于追上了那只正在河面上顺流而漂的小木盒，立即把它捞了上来。经罗斯太太辨认，这个小木盒正是他父亲的骨灰盒，可是骨灰盒中的3颗钻石却不见了。

这时，船长又拿出了笔记本，细细地分析刚刚记录下来的情况。然后指着里丽说：“把钻石拿出来吧！”

请问，你知道船长是怎样断定钻石是里丽所窃呢?

5.计算失误

在高高的树林里，一架军用黄蜂直升机正缓缓降落。从直升机上跳下一群国家情报局的特工，他们迅速打开背包，向30米外的铁轨奔去。

本杰伦负责指挥这次特殊行动。他焦急地边挥手边大声地提醒队员抓紧时间，同时也和总部保持联系。

4个小时以前，敌军洗劫了一个军事基地，他们带走了所有TNT炸药，然后轻易地劫持了一辆货运火车。

和以往不同的是，这次敌军竟然没有提出任何要求，他们在长达200米的火车上布满了炸药，然后全速向首都方向飞速驶来。

国家情报局接到报告后，曾多次尝试和敌军联络交涉，但都没有成功，于是情报局推测，这次敌军不打算要求什么，纯粹是想制造一桩引起世界关注的恐怖大案。你想，一列满载炸药的火车在首都爆炸，那将是多么恐怖的事情！

无奈之下，情报局决定，让火车在郊外爆炸——这总比在闹市区爆炸好。于是派出爆破队伍，在铁轨上铺设炸药，趁敌军控制的火车驶出隧道的刹那引爆炸药。

在本杰伦率队赶到的同时，消防、救护队伍也正飞速赶过来。那些熟练的特工只花了2分钟，就在隧道外的铁轨上铺设好黄色遥控炸药，然后迅速找地方隐蔽，焦急地等待着死神列车的到来。

5分钟后，本杰伦得到消息：列车时速60公里，正在逼近隧道。本杰伦马上计算了一下：隧道长500米，火车时速60公里，也就是说，火车进隧道后30秒驶出隧道。他把遥控定时装置设置为“30”，只要火车进隧道，就会触发装置计数，30秒后炸药自动爆炸。然后，他率队退后，因为爆炸时掀起的巨大冲击波，可能会伤害到潜伏的人。

过了3分钟左右时间，列车隆隆地驶进隧道。爆炸装置和本杰伦手中的遥控装置开始同步计时。

30秒钟后，高强度炸药在铁轨上准时爆炸。可是，他们期待中的整列火车被引爆的场面并没有出现，火车在失去铁轨的路面上继续疯狂前行，撞倒了大片的槐树，终于在树林里停下来。

紧接着，火车在树林里爆炸，引起的熊熊森林大火，足足花了一个月时间才扑灭。本杰伦回到国家情报局后，因为指挥失误而受到了处分，他怎么也想不通，难道这么简单的数学题目自己会算错？

那么，你知道他的失误在什么地方吗？

6.分配遗产

已经病了一个多月的守财奴克利姆，把他的老管家里旺叫到了床边，颤抖着手，对老管家说："老里旺，我快不行了，我已经能听得到死神在敲门了。我这辈子积攒的钱财都被我换成了金条，就放在床下的大铁皮箱里，遗嘱也在里面。麻烦你帮我把遗嘱交给我的儿子们，让他们按照遗嘱分……"

克利姆忽然剧烈咳嗽起来，大口大口地喘气，三四分钟后，他不甘心地闭上了眼睛。

里旺从床下拖出蒙着厚厚灰尘的铁皮箱，打开铁皮箱后，他见到那满满一箱子黄澄澄的金条，顿时有了别的打算。他找到一个布袋，把所有金条扔进袋子，迅速离开了克利姆的别墅。他直接来到赌场，他把所有的金条都换成了钱，然后进行一掷千金的狂赌。

克利姆的儿子们在家里找到了父亲留下的遗嘱，可是却没有找到一根金条，他们立刻报警。可谁也没有想到，当警察找到里旺的时候，他几乎已经把金条输得精光了。

按照法律，里旺没有权利动用这份财产，所以那些被挥霍掉的金子还可以向赌场合法地要回来。但究竟有多少根金条呢?

此刻的里旺满脑子都是扑克、筹码，根本记不起带来有多少根金条，而赌场也用这个作为借口拒绝偿还。无奈，克利姆的长子请来了聪明的法官里奥多德，请他帮助解决这个难题。

里奥多德拿起遗嘱，只见遗嘱是这样写的：我所有的金条，分给长子1根又余数的1／7，分给次子2根又余数的1／7，分给第三个儿子3根又余数的1／7……以此类推，一直到不需要切割地分完。

里奥多德看完后，微笑着说："现在问题解决了，我不但能帮你们弄清楚到底有多少根金条，连你们有几兄弟都知道了。"朗姆的长子惊讶地睁大了眼睛，他从来没有和里奥多德说过其他兄弟的情况，里奥多德怎么会知道呢？而金条到底又有多少根呢?

聪明的小朋友，你知道吗?

7. “半个”孩子

从上个月开始，奇怪的事情在桑巴达镇发生了。许多孩子在放学回家的途中神秘失踪，家长找遍小镇的所有角落，还是没有孩子的一点踪影。就连在警方加强了戒备的情况下，竟然还有小孩失踪，这在小镇引起了巨大恐慌。

家长们不敢送孩子上学，也不敢让孩子外出，而失踪孩子的父母则到警察局外吵闹，抗议警方办事不力。

警方面临着非常严峻的考验，警长舒雷急得头发都快白了。这几天，他带领手下在镇里搜查了无数次，可是作案者非常狡猾，他没有留下任何有用的线索，甚至到现在连个目击证人都没有。

这天，一个警察冲进来说道，“探长，有消息！有个老太太打电话来投诉，说她的邻居家里最近老是传来孩子的哭声，会不会——”

“马上出发！”舒雷抓起外套说道。

在镇外一幢阴暗的别墅里，投诉的老太太说，她家旁边新搬来一个叫摩斯的年轻人，这个年轻人不但不承担公共卫生，还经常把孩子弄得哭哭啼啼。

舒雷马上组织人员包围了摩斯的住所，三个警察撞开房门冲进房内。出乎意料的是，摩斯穿戴得整整齐齐地坐在沙发上，好像在等待舒雷到来似的。

“欢迎你们，笨警察。”摩斯说，“我的生活很平淡，想增添一点乐趣，就找你们玩游戏，可你们也太笨了，整整一个月连我在哪都找不到。要不是我把孩子弄哭，你们现在应该还待在警察局里瞎猜吧？”

“你这个浑蛋！”舒雷怒骂道，“把孩子们弄到哪里去了？”

摩斯笑起来：“舒雷探长，别发火。你在我窗外搜查了3次，每次都围着大树看，大树里能有什么呢？你的愚蠢真让我扫兴。”

“孩子在哪里？”舒雷掏出了手枪。

摩斯摆了摆头说：“有胆你就开枪！其实，你进来的时候我就遥控启动了机关，现在正在往关押孩子的房间里注水，再和我闹一会儿，看你怎么向那些家长交代！”

舒雷探长脑门开始冒汗，他说：“你想怎么样？”

摩斯面无表情地说：“笨警察，我给你最后一个机会！我把绑来的孩子的一半加半个放在东面，把剩下的一半加半个放在西面，最后一个堵住嘴塞在床下。现在只要你告诉我，放在东面和西面的孩子各有几个，我就告诉你他们在什么地方。如果你还是那么笨，那就等着看惨痛的悲剧吧！可怜的孩子，那可是将近十条人命啊！”

舒雷怎么也想不通，人怎么会有半个的呢？他浑身冒汗，脑袋里一片空白。这时，一个新来的警探说他知道，接着他说出了答案。摩斯顿时无奈地低下了头。

那么，你知道新警探是怎样算出来的吗？

8.有毒的茶水

一个夜晚，警察局接到报案，一个公司的总裁在家中毒身亡。

警长立即赶到现场。据经理秘书讲，被害者三小时前出席了一次宴会，因为多喝了几杯，由秘书将他送回家。当时总裁的家人都不在家，秘书就留下来照顾他一会。

因为总裁多喝了，为了给他醒酒，秘书说他就为总裁沏了一壶茶。安顿好后，秘书即回公司处理事务。当他再次来看总裁时，发现他已中毒身亡。

警长又转身向先来的警察和法医询问，据他们讲整个房间里除了死者和秘书外，没有第三者来过的痕迹。壶中的茶水试喂过狗，没有毒。初步怀疑是在宴会上吃了有毒食物，现在正在进行调查。

警长来到桌边把那只茶壶揭开看了看，发现里面有半壶茶水，上面漂浮着一些茶叶。他把壶盖好。转身问跟在身边的警员：“茶壶上的指纹取过了吗？”“取过了，只有总裁和秘书的指纹。”

“那么说凶手就是秘书！”警长斩钉截铁地说。

他是如何得出这一结论的呢?

9.假冒的数学老师

一天，刑警强尼在火车站一带巡逻，看到一个中年人带着4个小孩，这些孩子看起来好像很害怕的样子。强尼觉得很奇怪，便一路跟着他们。

中年人带着孩子上了车，强尼跟车上的售票员说明了情况，并要求把自己安排在他们对面坐下来。强尼为了稳住对方，便热情地跟中年人搭讪。中年人自称是一所学校的数学老师，那些孩子都是他的学生，这次他是带孩子们去参加一个数学竞赛的。

强尼装作若无其事的样子问了一句：“他们多大了？”

中年人摆出一副数学家的架子，想了想，

便以开玩笑的口气说："他们的准确年龄相乘等于3024，而且他们4人一个比一个大1岁，你来算算看。"

强尼知道，这中年人故意为难他，于是就亲切地问其中一个孩子："小朋友，你几岁了？"中年人不等孩子回答，马上接来话头："你猜不出来了吧？他是我儿子，今年5岁了。"

话音刚落，强尼就用手铐把他铐了起来。

你知道这是为什么吗？

10.寻找宝物

一伙盗贼光顾了大英博物馆，把里面极其珍贵的几件文物偷走了。博物馆立马把这事报告给了有关领导。警察局的局长因此也被紧急召见，并被要求马上破案，追回文物。

连日来，负责这个案子的莱斯探长没有睡过安稳觉。在他的努力下，一个重要的线索终于浮出了水面。探长得到了一个准确的消息：这几件文物目前在伦敦郊区的一个农场主手里。这个农场主叫卡洛。

探长莱斯带领小分队出其不意地出现在卡洛的院子里。卡洛听莱斯说明来意后，坚决否认他私藏了文物。莱斯知道要他们这样的人招认是很不容易的。那么该怎么办呢？突然莱斯看到卡洛的眼睛不自觉地在院子的地上扫了又扫，这提醒了莱斯：文物有可能埋在院子里。

于是莱斯命令队员们到卡洛家拿了面盆、水桶，取来水分别浇在墙角里和院子里的干泥土

上。他让队员们耐心地、一平方米一平方米地浇过去。队员们不知他葫芦里卖的什么药，但命令是必须要服从的。就这样，他们很快地挖出了那只用蜡密封的大铁箱，被盗的珍贵文物也都在里面。

你能把莱斯这样做的道理说清楚吗?

11.鲤鱼知多少

这天早晨，在国家生物实验室上班的基因工程师辛贝尔刚到办公室，就发现实验室被破坏得一塌糊涂，用来做培养试验的精密玻璃仪器碎了一地，各种营养液满地都是，实验室里散发着一股浓烈的化学药品的味道。

他朝密封箱一看，哎呀！这下出大乱子了！用来做基因实验的3只波斯猫跑了两只。像这携带了老鼠和狗基因的猫，很可能会同时患上鼠疫和狂犬病，而猫类本身携带的病菌也会同时滋生，最终可能会产生可怕的新病毒。这种病毒一旦传染出去，人类将面临严峻的威胁。辛贝尔连忙拿起电话，用最快的速度报了警。

警察戴上防毒面具，穿着防护服，迅速封锁了现场，他们四处搜索，终于在食堂的水池边发现了两只波斯猫的踪迹。它们正在吃一条鲤鱼呢！警察悄悄包围过去，两只猫咪被麻醉弹击中，晃了晃便一下子栽倒在地了。

这时，辛贝尔工程师却发现了新的问题：猫咪在抓捕池塘里的鱼的过程中，很可能会把病菌传到鲤鱼身上，而鲤鱼又很可能通过水源影响人类，后果同样严重！现在，需要把所有鲤鱼都抓起来处理掉，其他鱼类则可以不必理会。

问题是，厨房的池塘里有那么多种鱼，鲤鱼究竟有多少呢？警察找来了厨房负责人询问。

负责人只能肯定池塘里所有的鱼都是昨天刚买回来的，一共花了3600里拉。根据账目记载，青鱼130里拉一条，刀鱼104里拉一条，鳜鱼78里拉一条，鲤鱼170里拉一条。除了被猫咪吃掉的一条鲤鱼以外，没有其他的损失。

辛贝尔看到众人疑惑不解的样子，忍不住解释道：“这不是已经很明显了吗？我上小学的外甥都能知道这个问题的答案。”

接着，辛贝尔给众人作了分析，大家终于恍然大悟。请问，你知道池塘里到底有多少条鲤鱼吗？

12.巧妙计算

作为边境口岸的把关人，杰文斯警探和钻石走私商们已经斗争了许多年。而最值得津津乐道的，就数他从面粉团子里检验出钻石的故事。

那时，边境还没有现代的电子仪器，所有的过关物品都用磅秤来称量。而为了节约开支，磅秤竟然没有添置整套秤砣，不能称量50千克到100千克之间的物品！走私商们觉得这是一个可以钻的很大的空子。

于是走私商们购买了大量面粉，然后把钻石藏在搓成团的面粉里，然后放心大胆地扛着一包包面粉团子来验关了。

杰文斯觉得这帮人很蹊跷：运5袋面粉团子竟然来了6个人，而且他们的表情看起来有掩饰不住的慌张，这说明装面粉团子的口袋里面一定有鬼！但是，这是5袋标称55千克的面粉团子，根据口袋上的说明，每袋面粉的误差在4千克以内，也就是说，在51千克到59千克之间。

即便走私商们在面粉团子里掺了大量钻石，这个范围内的物品也是无法用磅秤来称量出实际重量的。在这种情况下，除了打开口袋一个一个地分验，几乎没有别的办法了。看着后面排得长长的队伍，杰文斯犹豫了。

“警官，快点！”一个走私者看到杰文斯为难的样子，用幸灾乐祸的口气说道，“我们还赶着探亲戚呢！没看到后面还有这么多排队的人吗？”

杰文斯冷静地分析了一下，他决定称量出面粉团子的实际重量。既然磅秤无法称量50千克到100千克之间的物品，他便把五袋面粉团子一对一对地称，5个口袋组成不同的10对，一共称了10次。

得到的10个数字由小到大依次排列如下：110千克，112千克，113千克，114千克，115千克，116千克，117千克，118千克，120千克，121千克。然后，杰文斯提起笔计算了几分钟，抬起头对走私商冷冷地说：“你们竟然在面粉团子口袋里掺了3千克以上的钻石！这样的罪行足够让你们终身监禁！现在，你们被捕了。”

那些走私商怎么也想不通，杰文斯警长怎么能在这么短的时间内识破了他们的诡计呢？聪明的小朋友，你知道杰文斯是如何解决这个问题的吗？

13.秋千杀人

一天清晨，麦克给一位名叫史密斯的青年去送包裹。史密斯是刚搬到这个小村来的。

麦克在老屋门前高喊了几声，又连连地敲门，竟毫无动静。“也许是出门散步去了吧。”麦克这么想着，就到小屋后面的田野里去找。

到那里一看，不好，史密斯倒在了田野里。

一个警察刚好路过这里，麦克连忙向他报案。警察仔细地看了看尸体周围，但是没发现一个脚印。

“怎么连史密斯的脚印也没有呢？昨晚刚下过雨，田头是湿的，土是软的，只要有人走，就会留下脚印呀！”麦克不解地说。

“看来，是这场雨把史密斯的脚印给冲掉了。”

“不，要是那样的话，史密斯的尸体也淋过雨，应该是湿的，可是他的衣服却挺干燥。”

“也许是因为过了夜给风吹干了。”

“不可能，他的伤口上还有血迹呢。要是给雨淋过，血迹早就应该冲掉了。”

“说来说去，史密斯还是在雨停之后才被杀的，而且这里并不是第一现场。”

警察仔细地观察四周，注意到史密斯身后4米处是一座荒废的老屋。于是他踮起脚朝房屋那一边看去，只见那是个很荒凉的院落，在一棵大榆树上挂着一个秋千，屋子的四周是光秃秃的红土层。

警察点了点头说：“我知道是怎么回事了。”

那么究竟是怎么回事呢？

14.狡猾的珠宝老板

15岁的丽丝把一串项链拿到珠宝店去修理。这串项链很漂亮，它有一个十字架垂饰，上面有二十三颗珍珠。店老板很快迎了出来，他是一位老头，慈眉善目的。老板很热情地将丽丝请进了屋。

丽丝拿出项链垂饰向老板说明自己的要求。为了防止出差错，丽丝当着老板的面，边数边说："你看，从上面一直往下数，是十三颗珍珠；从上面数下来，往左数也好，往右数也好，同样也都是十三颗珍珠。"

过了两天，丽丝妈妈陪丽丝来珠宝店取垂饰。老板热情地把垂饰交给丽丝。丽丝按上次的方法数了数，见珍珠仍有十三颗，就一边说着道谢的话，一边拿出钱包准备付款。

这时丽丝妈妈忽然发觉垂饰有些异样，因为她对这个总挂在女儿胸前的垂饰太熟悉了。她拿过垂饰，一眼就发现了破绽，于是便对珠宝店老板说："请你把另外两颗珍珠还给我女儿。"

你知道这究竟是怎么回事吗?

15.杀人的"3801"

"真是一个糟透了的夜晚！"罗西嘟囔着放下话筒，他被一串电话铃声吵醒了。卡洛尔警长在电话中说发生了凶杀案，要他马上去现场。

罗西火速赶到了现场，发现死者是被人掐死的，倒在床上。从现场凌乱的梳妆台看，被害人曾和凶手进行过搏斗。

“见鬼，谁这么讨厌，杀死这么可爱的一位小姐，还打扰了我的美梦。”罗西不耐烦地环视着四周。

警方目前在现场还没有找到突破性的线索，死者脖子上的指纹也很模糊，凶手一定对犯罪现场进行过处理。

突然，窗台下的一支口红吸引了罗西的目光。他迅速走过去捡起了那支口红，只见口红的顶部被什么东西磨损过，几乎都平了。这个细节立刻在罗西的头脑里引发了一系列反应，他立刻在口红四周看了看，但是并没有找到他想要的东西。于是他立刻吩咐警员四处找找有没有什么字迹留下。不一会儿，一个警员在被窗帘蒙着的墙壁上找到了一串奇怪的数字“3801”。

“这4个数字说明了什么呢？”卡洛尔紧皱着眉头自语道。

“这串数字一定和凶手有关。”罗西想了想，转身叫来旅店副经理，让他马上去查一查前一天晚上在3801号房间住的是什么人。

副经理马上拿来旅客登记簿查看了一番，然后对罗西说：“对不起，警察先生，3801房间一直没有人住。”

“哦，那你给我查一下1083号房的客人是谁。”罗西突然想到了什么。

“1083房间就在隔壁。”副经理说。

罗西马上和卡洛尔敲开隔壁的房门，只见里面的人正打点行装准备离开。

“我是警察。”罗西大声地说，“先生，希望您老实交代杀害阿丽娜小姐的犯罪过程。”

罗西是怎样判断出凶手住在1083号房间呢？

16.案发时间

“砰”的一声，巨大的响声打破了凌晨的宁静，接着，邻居们熟悉的吵闹声再次响起来了。

“你还知道回来？看你满身酒气就知道你到哪里鬼混去了！”萨莉娜大声说道。接着，又是“砰”的一声，一件瓷器重重摔在地上，撞击声进一步吵醒了还在睡梦中的邻居。

“不要砸东西！”罗斯的声音也高了起来，“有什么话好好说！把手里的东西放下来！”

和邻居们的预料完全一样，又是一声巨响，这次不知是台灯还是果盘，在地板上翻滚出一阵刮擦声。砸完东西，萨莉娜开始哭诉罗斯的种种劣迹，她越说越伤心，索性坐到门口痛哭起来。

罗斯非常紧张，他连忙拉妻子回去，免得给邻居看笑话。一般到这个时候，萨莉娜就会哭着回家去，然后四周又恢复平静。可是今天萨莉娜好像下定了决心似的，任凭罗斯好说歹说，仍是坐在门口哭个不停。

过了一会儿，萨莉娜的哭诉声忽然停了下来，接着，邻居隐约听到一声尖叫，就再也没有声音了。

第二天，邻居发现萨莉娜家的窗子竟然有斑斑血迹，联想到昨天晚上的激烈争吵，便立刻报了警。警察破门而入，发现萨莉娜身上满是刀伤，倒在血泊之中，早就死去了，而罗斯则消失了。

“又是一桩家庭悲剧。”负责调查的警察说。不必问就知道，那个罗斯就是凶手。警察马上发出通缉令，然后向邻居们了解案件发生的确切时间。

“我听到尖叫的时候是12点零8分。”一个邻居老太肯定地说。

“不，完全不是这样，那时候我还清醒着呢。”一个年轻人反驳道，“我清楚地记得，应该是11点40分。”

“胡说！”对面杂货店的老板掺和了进来，他对警察补充说：“是12点15分，我都看了表呢。”

“应该是11点53分。”最后发话的是一个中年绅士，他坚持认为自己的时间是正确的。给弄糊涂了的警察检查了各人的手表，结果发现没有一块是准的。

在这些手表里，一个慢25分钟，一个快10分钟，还有一个快3分钟，最后一个慢12分钟。而现在的问题是，案发的时候到底是几点呢？

聪明的小朋友，你知道吗？

17.杀人犯的破绽

一天，侦探科林很无聊，只好看报纸，最后一则桃色谋杀案吸引了他的目光。看完后，他马上打电话给警长。

“你也对这个案子有兴趣？”

“别废话，快把案情说说。”

“四天前，在城郊的一所房子里，有一个漂亮的夫人被杀害了。作案时间是下午两点半至三点之间。”

“凶手有线索吗？”

“目前找到了两名嫌疑犯，但又没有确凿的证据，无法确定谁是真凶？”警长接着说，“现场的指纹和足迹都被破坏了。只是在门外的地上捡到了一支烟蒂，是支只吸过一两口的很长的烟蒂。”警长故意把烟说得很重。

“能够确定是嫌疑犯丢下的吗？”

“当时大概是下午两点钟左右，有人目击到被害人正在打扫院子。所以房门外的烟蒂一定是在案发后罪犯扔掉的，并用脚踩灭了。”

“嫌疑犯都吸烟吗？”

“是的，而且两人正好都喜欢同样的牌子——也就是门口发现的烟蒂那种牌子的香烟，所以无法确定。一个是被害人的丈夫，他们夫妻感情不和，而且听说这个女人有外遇。所以她丈夫有杀人动机。”

“另一个嫌疑犯是谁？”

“是一个邮递员，此人喜欢调戏妇女，只要看到单身女人就会趁送信或包裹时骚扰一下。”

“会不会是邮递员因用这种手段向被害人求爱碰了一鼻子灰，恼羞成怒下了毒手呢？”

“有可能，但没有足够的证据。”

“其实证据已经很充分了。”科林果断地指出罪犯是邮递员。

那么，科林的推理是什么呢？

18.破译密码

A国和B国打了多年的持久战，一直分不出胜负。为了切断B国的后方支援，A国停止了正面进攻，把主力部队集结起来，开始对B国的后方发起猛攻。

当时，A国军队的总数是B国军队总数的近5倍，如何迅速了解敌情，保存实力，避开和优势敌人决战，在运动中与敌人周旋，就成为B国的最重要任务。

于是，B国派出了最能干的情报员，他们冒着生命危险来到对方据点，化装成平民打探情报。而监听员更是日夜坚守岗位，监听对方电报，为的是了解A国的部队人数和行军路线。

一天，监听员截获了一份A国总部下达给师团的密码电报，电报的内容经过初步破译得知，下月初，A国的三个师团兵分东西两路再次发动围剿。在东路集结的部队人数为“ETWQ”，从西路进攻的部队人数为“FEFQ”，东西两路总兵力为“AWQQQ”。

由于A国采用了加密电码，关键性的语句无法译出。情报员虽然想尽办法，仍然没有得到太多有用信息，只打听到东路兵力要多于西路。更危险的是，他还打听到，A国决定把进攻时间提前3天的坏消息。

一时间，翻译出这几组加密电码成为了B国最关键的事。许多密码员、情报员、指挥员甚至普通民众都投入到解开这组密码的工作中来。

一位教师最终成功完成了密码的破译工作。他对指挥员说，破译这个密码需要数学知识，但又不完全靠数学知识。

请问，他是怎么破译这些密码的呢？A国东西两路的兵力到底是多少？

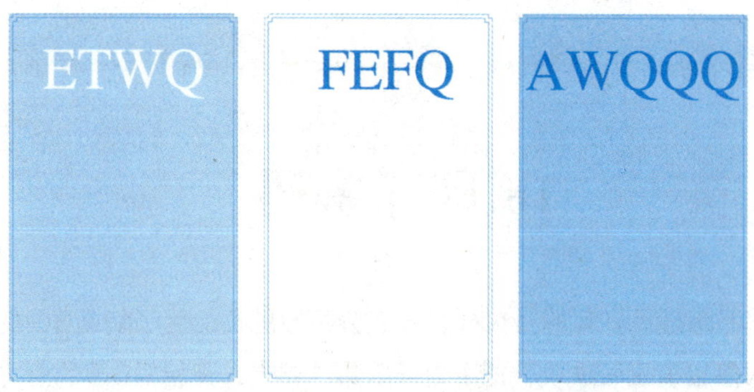

19.只称一次

在海关，每天有数不清的货物从这里进进出出，需要检验的项目非常多。验关员责任重，权力大，也成为走私者挖空心思想讨好的对象。

一次，一个大胡子商人带着整整10个集装箱的货物前来报关，他把这些货物整齐地排列在海关大楼的货场里，工人正在忙碌地操纵设备把集装箱装上货轮。

验关员仔细审核着这些材料，没有发现任何问题。直到翻开最后一页文件的时候，他忽然发现“物品重量”一栏有涂改的痕迹。验关员再次细心核对，这是一批型号重量都完全一样的汽车轴承，没有道理出现事后更改重量的情况。

大胡子商人看到验关员注意到重量被更改过，慌张地解释道：“这个地方是有点小修改，麻烦您就高抬贵手，放过这批货吧！”

验关员不动声色地说：“现在，就让我们去查一查你的货物。”

大胡子商人见验关员毫不让步，不由得恼羞成怒，他说道：“我干脆直接告诉你，这10箱货里有一箱轴承是特种轴承，就看你有没有本事查得出来！10分钟以后，装运的货轮就要出港，现在称量是无论如何来不及了，你以为打开10个集装箱，把轴承一个一个比较起来是很容易的事情吗？你至少需要称10次！”

验关员笑了起来，他说道：“我想你还是补缴关税比较好，因为找出特种轴承根本不需要称10次，只需要称一次就够了！”

请问，假设标准轴承的重量是100克，而特种轴承比普通轴承重10克，你知道这个聪明的验关员是怎么做到称一次就能找出特种轴承的吗？

20.失而复得的金币

汉尼老人一辈子没有结婚，所以也没有儿女。因为担心老了无依无靠，因此汉尼平时省吃俭用，偷偷积攒了54个金币。他想等没有劳动能力后就靠着这些钱养老了。为了防止小偷，汉尼把金币放进了一个小坛子里，然后埋在了自家的后院。然而，这一切都被邻居斯特罗看到了。

斯特罗是个贪心的家伙，一个夜晚，他偷偷溜到汉尼老人家的后院把那坛金币偷走了。

过了半个月，汉尼去看他的金币，发现坛子不见了。他急得满头大汗，思来想去，一定是被人偷去了。汉尼最终把嫌疑犯锁定在自己的邻居斯特罗身上了，只有他最可能看到埋金币的事情。汉尼失眠了一整晚，翻来覆去，终于想到一个拿回金币的好办法。

一天，他装出没事的样子到斯特罗的家里跟他闲聊："唉，人老了，账也不会算了，你说54个金币加上45个金币共是多少？"

"99个金币。"

"这么说，再凑一个金币，就满100个啰3"

"对，一点也不错。"

"噢，太好了。"汉尼老头手舞足蹈地离开了斯特罗家。

当天夜里，斯特罗就把老汉尼的54个金币如数送回坛子里。

你知道这是怎么一回事吗?

21.乐队的人数

戴维斯是国家安全情报系统的资深职员，现在他站在街边，紧紧盯着对面一个身穿米黄色风衣的中年人。敏锐的职业感觉告诉他，这人就是一个非常危险的特务。

戴维斯从上个月开始，就盯上了他，这个中年人先是推着流动售货车在街上贩卖冷饮和小商品。后来又扮成观光客四处闲逛，最后干脆到附近一家冲印店打了一周零工，而他做的这一切，都是在国会大厦附近。

随着跟踪时间的延长，戴维斯敏感地发现这个中年人不是一般的特务，很可能是负责协调本地区特务工作的大人物。今天，戴维斯决定逮捕他，理由嘛！没有特务不随身带枪的，而非法持枪就是个逮捕他的绝好理由。

戴维斯紧紧跟上几步，准备在下一个行人稀少的街头拘捕这个中年人。他右手往后握住手枪的枪柄，左手摸了摸口袋里的手铐。这时，一辆公共汽车忽然加速疾驰过来，戴维斯连忙向后让，就在这瞬间，中年人穿过大街，消失在人群中。

戴维斯飞快地穿过大街，可哪还有那个中年人的影子？这时迎面走来一个4人一排的大约30人的乐队，可最后有一个乐手没有排进队伍里。指挥把乐队排成2人一排或3人一排的队伍，却依然有一个人不能排进去。

戴维斯忍不住高声喊道：“你让他们排成5人一排啊！”果然，这样乐手就刚好排下了。

戴维斯继续搜索那个中年人的踪迹。但他只在街角找到了那件米黄的风衣，而人却不知去向。据卖报人回忆好像是跟着

乐队走了。卖报人还补充说，乐队走来的时候最后是没有多出一个人的。

戴维斯计算了一下，不由得连呼上当，原来中年人混进乐队逃跑了！现在，他只剩下写报告追查乐队一条路。你知道这支乐队加上那个中年人后究竟有多少人吗?

22.贼喊捉贼

一日，罗西警官刚上班就接到报警电话："马丁路克高级公寓203房间被盗。"

报案的是公寓的管理员凯西，他对罗西说，今早上他照例去每层楼巡视，经过203房间门口时，忽然听到里面有声音。他感到很奇怪，因为这个房间的主人头几天就出门了，至少要半个月才能回来。出于责任心他便大着胆子从锁孔往里面看，发现一个男子在房间右侧的柜子旁正往大包里塞东西，然后又窜到左侧的窗边跳了出去。他知道这人肯定是盗贼，就打电话报了警。

罗西让管理员去取钥匙时，趁机看了看比黄豆大不了多少的锁孔，正弯腰俯在那儿观察，管理员拿着钥匙来了。罗西打开锁，推开那足足有10厘米厚的重重的橡木门走了进去。

这是一个横长的房间，左侧墙壁到右侧窗户足有14米。左侧的窗户开着。管理员抢先来窗边，说："警官，这里有一个男人的脚印。"

罗西踱到管理员面前说："别演

戏了，你就是盗贼。”他张口欲言，但最终低下了头。

罗西是根据什么作出这一判断的呢?

23.恐怖分子的行动

国际反恐组织得到消息，制造了多起恐怖事件的“黑鹰”组织首领伯德和另外一些核心成员，一年前躲避到G国来了。现在他们频繁接触，似乎在酝酿新的恐怖计划。

国际反恐组织G国反恐负责人亚伯拉罕觉得这是个难得的机会。平时这些恐怖分子都散布在全球各地，要把他们一网打尽简直比登天还难。而现在，这样的机会就在眼前。

G国是个岛屿众多的国家，小岛之间不通公路，只能用水上飞机和游艇来作交通工具。据可靠情报了解到，恐怖分子散布在不同的岛屿上，定期到伯德的住所碰头。

亚伯拉罕换上“蛙人”的衣服，潜水到伯德的住所外面观察动静，整整一个星期，他才完全弄清楚这些恐怖分子的活动规律，给行动组带回了一个好消息和一个坏消息。

好消息是：“黑鹰”组织的7名主要恐怖分子都在小岛上，他们和伯德保持着固定的联络；坏消息是，恐怖分子很谨慎，他们是这样碰面——

第一号伯德的助手隔一天去伯德那里一次，协助他处理事情；第二号恐怖分子隔两天去一次，第三号恐怖分子隔三天去一次，第四号恐怖分子隔四天去一次……以此类推，第七号恐怖分子则每隔七天才去一次。为了避免打草惊蛇，把恐怖分子们一网打尽，亚伯拉罕决定等到7名恐怖分子头目都碰面的那天再行动。

这个决定遭到了组织一些成员的质疑。他们说，这些人的活动是如此神秘，以至于好像永远不会有7人同时出现的时候。另一些人则说，虽然这些人可能同时出现，但是这必定是在一个遥远的日期以后，比如10年或者20年后，所以计划是完全不可行的。

说来说去，没有一个人能说清楚，恐怖分子究竟会不会同时出现？而如果同时出现的话，又将是在什么时候？

聪明的小朋友，你能解决这个难题，帮助反恐组织抓住所有犯罪分子吗？

24.到底损失了多少

加伦的好朋友金生开了一家经营卓越品质钻石饰品的珠宝商店，当然，珠宝的价格也相当昂贵。这天，他满脸忧郁地来拜访侦探波洛和加伦医生。

加伦问道："老朋友，难道没有买到称心如意的钻石？你看起来好像不太开心啊！"

金生叹了口气，说："别提了，我不但上了个大当，而且到现在我也还没弄明白，我的损失到底有多大呢。"

波洛觉得奇怪了，金生在生意场上一向比较精明，怎么会被骗还不知道损失了多少呢？于是他问道："你不是开

玩笑吧？把事情说来听听，让我们看看究竟是怎么一回事。”

金生说道：“前天下午，一个穿着时髦豪华大衣的女士来到我的商店里，说是来买钻石戒指的。她举止优雅，我丝毫没有怀疑。在试戴了几枚钻石戒指以后，她挑中了一枚漂亮的蓝钻戒指。”

“你不会是被她掉包了吧？”加伦忍不住说。

“当然不是，这种雕虫小技怎么能逃过我的眼睛呢？”金生继续说道，“她看中的戒指标价10000元，经过讨价还价，我们以8000元成交。接着，她递给我一张银行支票，上面有令人信服的签章，票面金额是10000元。”

到现在为止，波洛还没有听到任何能够令金生困惑的问题出现。难道支票有问题?

果然，金生接着说道：“倒霉的是，我当时刚好没有零钱了，便拿着支票到隔壁的电器商行找老板卡特换了10000元。然后我找给顾客2000元后，又为她包装好钻戒，才礼貌地送走了她。谁知道，过了一会儿，卡特来找我，原来他正巧去银行兑付支票，银行却告诉他支票是假的！没办法，我只好收回支票，赔偿了卡特10000元。”

“这么复杂啊？”加伦说，“难怪你弄不明白。让我想想，你的损失是这样的：价值8000元的戒指，赔偿卡特的10000元，损失总共18000元。”

金生摇摇头说：“还不止呢！我还找给那个顾客2000元真币，这样算下来我的损失高达20000元！可是，这个数字对吗？”

“当然不对了。”波洛说道，“你们都算错了，实际上损失没这么严重。”

聪明的小朋友，你知道实际损失到底是多少吗?

25.教父在说谎

格桑是黑帮的头目，神通广大，被黑帮尊称为“教父”。他每年都要犯几件让警方头痛的案子，而他每次犯下的案子，都能上报纸的头条。

警方多次逮捕他，可是他高薪聘请的律师却总能为他洗脱罪名。就这样，他一边经营着连锁咖啡店，一边买卖违禁物品，和警方对峙了十多年。

这天上午，一身黑色西服的格桑忽然来警察局自首！当他拿出身份证，告诉执勤警官他是前来自首的时候，执勤警官几乎惊讶得从椅子上摔了下来。

他告诉警方，上个月他走私了100块壁画回国，这些壁画是盗墓者从一个没有被发现的法老陵墓里切割下来的。

可是，当他联系好收藏家准备出手的时候，他的手下却背着他把壁画全部取走了。因为参与这起盗窃活动的人很多，眼看追回壁画无望，于是他决定到警察局报警，让警方帮他揪出背叛他的手下，同时追回这批价值连城的壁画。

他说他可以在法庭上为警方作证，条件是警方不起诉他。获得应允后，他为警方提供了25个人的名字，这些人中最少的偷走1块，最多的偷了9块。而问到这25人各自偷了多少块壁画时，他说也记不清了，但可以肯定的是，他们都偷走了单数块壁画，没人偷走双数块的。

这是一次机会！黑帮教父送上门来，黑帮分子还自相残杀，这真是一个一举端掉整个黑帮的大好机会！警察们倾巢出动，按照格桑的名单一举抓捕了那些嫌疑犯。可是，警方连一块壁画都没有找到，难道是被他们集体藏起来了?

这时，警局请来了心理学专家帮助审讯罪犯，专家先花了半小时查看案卷，当他看到格桑的证词时，不由一愣。接着，他缓慢地对警察局局长说：“格桑耍了你们，他可能是对手下失去了控制，才想到借你们来除掉手下！”

一次立功受赏的机会就这样演变成一场巨大无比的闹剧，警察局局长听得瞠目结舌。那么，你知道心理学专家是怎么知道格桑在说谎的吗?

26.一道小学数学题

里斯镇远离都市,是一个偏僻小镇，一向非常安静。可是，今天的里斯镇却显得非常热闹，许多居民带着鲜花站在路边，镇长威廉先生西装笔挺，站在队伍的最前面。原来他们正等待著名的科学家——劳伦斯教授的到来。

只见远处缓缓驶来一辆黑色轿车，从车上下来一个着装很随便的人，他正是劳伦斯，于是小镇响起了热烈的欢呼声。随后，劳伦斯在居民的簇拥下来到镇电影院，为大家作演讲。

虽然绝大多数人根本听不懂劳伦斯讲的科学理论，可他们还是非常兴奋——能见到这样顶尖的科学家，听不懂又有什么关系呢?

演讲最后，劳伦斯说道：“每个人都知道，科研需要购买大量的器材和实验用品，但由于政府财政上的困难，暂时没能给我们科研室足够的经费，我们的许多科研便因此停顿了

下来。这是非常可惜的！如果在座的不想看到这种局面再持续下去的话，请为我们的科研捐款吧！”

居民的情绪被调动到最高点，大家纷纷取出支票本，准备给“劳伦斯科研室”捐款。但威廉先生却觉得有点不对，从来没有听说著名的劳伦斯教授会自己到处游说拉赞助，何况又是这样偏远的小镇！

他思考了一下，抱起小孙女，悄悄对小孙女说了几句话，便高声说道：“劳伦斯先生，我的小孙女有个小学数学问题想请教你！”

在居民的哄笑声中，小女孩用稚嫩的声音问道：“一家工厂4名工人每天工作4小时，每4天可以生产4架模型飞机，那么8名工人每天工作8小时，8天能生产几架模型飞机呢？”

居民们的笑声更响了，大家都觉得这个问题不但简单，而且还有点弱智。劳伦斯微笑着回答：“所有条件都翻了一番，当然答案也翻一番了！是8架飞机，对不对？”居民们先是一愣，然后再次大笑起来。

威廉先生站起来说道：“居民们，这是个冒充劳伦斯先生到处行骗的冒牌货，大家不要上当啊！”顿时，台上的“劳伦斯”脸色发白，他想不到一道小学数学题目竟然揭穿了自己的本来面目！

聪明的小朋友，你能做出这道题吗？

27.聪明的外乡人

来马丹镇的游客通常都是暴富商人和采矿者，他们挣到大把钞票后，然后跑到镇上疯狂喝酒赌博。因此，镇上的商铺几乎都变成了酒家，而赌场更是有近20家。

这天，在镇上最大的赌场里，一位穿西服的外乡人慢慢拿出一个精致的皮箱，打开后只见箱子里有用黄金打造的1到9的数字。

接着那个外乡人礼貌地向人群鞠了一躬，高声说道：“最简单的赌局！会加法的人都会，只要用20元，就能赢取200元！”说完，他把一叠厚厚的钞票放到台子上。

听说有这样的好事，赌徒们纷纷让他讲解规则。他的规则非常简单：他用200元下注，其他人则用20元下注，每次下注都放到任意一个数字上，双方轮流走，先获得三个加起来等于15的数字的人获胜。

这时，一个老赌徒决定赌一把。他先把20元放在7上，外乡人把200元放在8上。老赌徒再把钱放在2上，这样他以为下一轮再放在6上就可加起来等于15，于是就可以赢了。

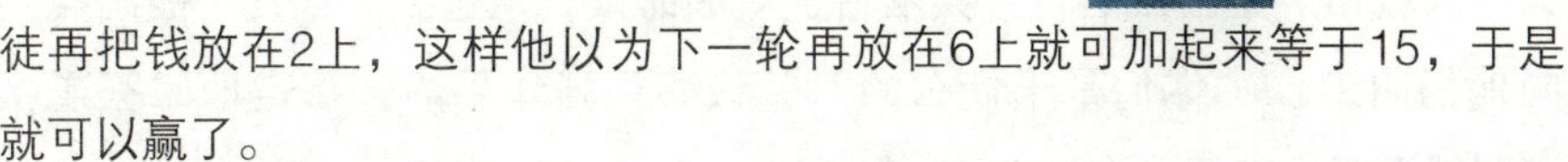

但是外乡人把钱放到了6上，让老赌徒的计划没有成功。现在，他只要在下一轮把钞票放在1上就可获胜了。老赌徒看到这一威胁，便把20元放在1上。外乡人并不慌张，他笑嘻嘻地把200元放到了4上。老赌徒看到他下次放到5上便可赢了，就不得不再次堵住他的路，把10元放到了5上。可是，这时外乡人却把200元放到了3上，因为8+4+3＝15，所以他赢了。

老赌徒输掉了这80元钱，而外乡人则赢得了“15点”的胜利。一些不甘心的赌徒上去挑战，可让人不敢相信的是，整整一周的时间里，外乡人竟然没有输过一次！他的行李箱装满了赢来的钱，而赌徒们却根本弄不清，为什么这种小学数学题能让自己输得这么惨?

一个赌徒提出，只赢不输说明他在作弊，应该报警。在很多输了钱的人的附和下，于是他们请警察来调查。经过警官详细而认真的调查，终于解开了外乡人只赢不输的谜团。

请问，你觉得外乡人作弊了吗?

28.何时过河

M国被Y国占领，但是M国人民从来没有停止过反对敌国统治的斗争，他们动用一切手段，组成各种各样的自发武装和游击队，对敌国占领军发动毫不留情的打击。

这天，M国北部游击队得知敌国将要在北部第一大城市建立一个重要据点，把它作为围剿游击队的后方基地，便派出三名侦察兵去探明实情，以便采取对策。

三名侦察兵化装成农夫，扛着锄头，戴着草帽，走乡村小路慢慢接近第一大城市。正当三名侦察兵准备进城的时候，从远处走来几个敌国兵，向他们叫道：“你们是干什么的？”侦察兵强作平静，镇定地回答道：“到城里买点东西，谁知道——”

“别去了！”敌国兵挥舞着步枪说，“没看到这里到处都是部队吗？商店都迁走了，马上半个M国的军火都要运到这里来了，这里会变成一个火药桶的！”

侦察兵们只见一支庞大的车队正开进城里，车上满载着军火弹药。原来敌国没有在M国北部第一大城市集结军队，而是在这里囤积军需品！侦察兵们兴奋极了，他们要马上回去把这个消息报告给游击队！

这时，一个侦察兵扛在肩头的布袋被敌国兵用刀子划破了，藏在花生里的手枪也露了出来！侦察兵们当机立断抢过手枪，以最快的速度在敌国兵反应过来前将他们通通击毙，然后撒开腿拼命跑，身后传来了敌国兵的叫喊声和子弹“嗖嗖”飞过的声音。

侦察兵们从小路翻过几座大山，最后被一条大河挡住了去路。河上有两个孩子划着小船在玩耍，他们也非常愿意帮助这些不会游泳的侦察兵们，可是小船只能坐下一个侦察兵或者两个孩子，否则就会翻船。三名侦察兵怎样才能利用这只小船迅速过河呢？

请问，在这个关键时刻，你能帮助他们出个主意吗？

第三章

反应思维篇

探案游戏将知识性和趣味性结合到了一起，让无数人痴迷其中。除了案件本身的扑朔迷离和错综复杂之外，还需要参与者拥有快速反应的思维能力，敢于挑战自己，这本身就是一种非常快乐的享受。

1.谁是肇事者

午夜的街头冷冷清清，几乎见不到一个人影。这时，车祸发生了——一个红衣女孩被一辆疾驰而过的轿车撞出近5米远，然后重重地跌在地上。

轿车司机迟疑了一下，猛然加速逃离了现场。出租司机卡拉奇从后视镜中目睹了这桩惨案，他立刻记下肇事车的车牌号码，然后拨打了报警和急救电话。

等警察和医生赶到的时候，女孩已经因为失血过多死去了。出租司机把他记下的车牌号码18UA01交给警察。

警方立刻组织人手调查，查到了18UA01车车主的住址。他们把这个肇事的恶棍从床上揪出来，可他却满脸惊愕的表情，似乎受到了天大的冤枉。无论怎么盘问，他都不肯承认自己在一个小时以前开过车，更不承认还撞过人。

他打开车库，让警察随便调查取证。在车库里，警察们面面相觑：18UA01号车子是一辆廉价的日本车，而不是卡拉奇说的昂贵的跑车。这辆灰色日本车没有任何刮擦的痕迹，看来是冤枉了好人。

随警察一齐来辨认的卡拉奇非常惊讶。作为一位司机，他对记录车牌这样的事情非常熟练，他清楚记得自己看到的车牌就是18UA01，而且当时立刻就记了下来，绝不会弄错。

警察找到了18UA81号、18UAI0号、10AU81号和18AU01号四个最相近的车牌认真分析，终于找出了真正的肇事凶手。

聪明的小朋友，如果你是负责查办这个案件的警官，你认为最可能作案的车应该是哪一辆?

2.画室杀人案

模特儿苏珊和男友达森分手，达森起了杀机。

这天，苏珊在画家伯加的画室当模特儿，伯加中途出去，达森就在此时进入画室，用丝袜勒死了苏珊，并把她的尸体拖走，找个地方藏了起来。

伯加回画室后不见苏珊，但见现场凌乱，灵感涌现，就把现场的环境画了下来。

两小时后，达森藏好了尸体，想起杀人的丝袜还留在画室内，便折返伺机取回。可是，他在窗外看到伯加正在出神地画画，又眼巴巴看到丝袜还在那里显眼地放着，心里十分着急。

又过了五小时后，伯加画完后出去了一会儿，达森趁机闪入画室内收起丝袜。谁知这时伯加突然又回来，达森情急之下用椅子打死了伯加。谁知达森在仓皇逃走时，又把他的墨水笔遗留在现场了。

没多久，警方闪电般地破了案，将达森拘捕了。

请问，警方是怎样破案的呢？

3.助手的嫌疑

表演活埋的魔术师让现场观众随便抽签，然后到铁匠铺里买一个长宽高都是2米的大铁箱子，然后，他再请人检验，确定没有问题后，他走进箱子中，由助手上锁。接着，铁箱子由电梯运到楼下花园里，助手当场在花园里挖一个大坑，再把箱子直接埋进去。

接下来两个星期的时间里，每天都有志愿者在花园里看守，志愿者总有3人以上，防止有人被买通。两个星期后，助手把箱子挖出来，然后由电梯运上舞台。助手慢慢地打开铁箱，只见那个神奇的魔术师竟然神采奕奕地跑了出来，甚至连发型都没有乱！

可在上个星期的表演上，魔术师竟然失手了！当他的助手当众打开铁箱的时候，人们看到的却是魔术师的尸体，那情景真是太恐怖了。

戈麦斯听说这件事后，便打电话告诉警长乔治说：“这次失手的表演，我觉得像是一起谋杀案！那个助手的嫌疑很大。”

乔治警长说：“先生，你为什么这么肯定呢？你连现场都还没去，怎么就能肯定助手是嫌疑犯呢？”

戈麦斯不慌不忙地说：“整个魔术其实只有一个地方可以作弊，找到这个地方，便可推理出助手的嫌疑了。”

那么，聪明的小朋友，在没有任何提示的情况下，你能说出助手的嫌疑吗?

4.抢劫犯的破绽

这天，警局接到报案，星科商厦遭到抢劫！

星科商厦是一家著名的百货公司，位于纽约城的西侧，距离警察局不到1公里。警长尼克在5分钟后就赶到了现场。只见现场到处都是被砸碎的玻璃和散乱的物品，商厦值班经理霍林顿满脸悲伤地坐在楼梯上，注视着乱成一团糟的商厦。对于商店来说，没有比珠宝柜台遭到打劫更严重的损失了。

尼克走到霍林顿面前，拿出纸笔，打开录音机，准备开始记录案情。他告诉霍林顿，要想尽快破案，追回损失，就要全力配合警方工作。

霍林顿似乎还没从混乱的状态中清醒过来，他喃喃地说道："5个人……他们有5个人，枪……都带着枪。他们二话不说就砸开珠宝柜台，抢走了所有的钻石首饰，这都是些价值几百万美元的首饰啊！"

"5个人？"刘易斯边记录边询问，"你看清楚他们长什么样子了吗？"

霍林顿痛苦地挠着脑袋，回答道："一个大胡子，眼睛旁边有两颗痣，其他人就看不清楚了……"

"光线那么暗，你怎么能看清眼睛旁边的痣呢？"刘易斯有点奇怪。

"是这样的……"霍林顿结结巴巴地说，"他们闯进来的时候，我吓得躲到一排货柜里。大胡子拿着强光电筒照过来的时候，我正好从货柜缝隙看出去，刚好看到他的脸。"

尼克听到这里，忍不住打断了他的话："霍林顿先生，如果这是一起真的劫案，那我要立刻逮捕你，因为你就是同伙。"

聪明的小朋友，你知道霍林顿哪里露出了破绽，让精明的尼克警长识破了呢？

5.数学家的暗示

每个伟大的科学家在成名前都很潦倒，伽利略是这样，爱因斯坦是这样，我也是这样…… 这段话是笛生的开场白，他对所有人都这么说，然后请求别人赞助他的数学研究。

可笛生至今还没碰到赞助人。现在，笛生住在破旧的老式公寓里，过着饥一顿饱一顿的生活。这幢老式公寓简直是整个街区最混乱的场所，住满了假释犯和地痞流氓。

但笛生并没有受到这些人的影响，仍每天闭门研究深奥的数学原理，对门外的事情毫不关心。公寓管理员米莉太太是笛生唯一的朋友，经常在他饿肚子的时候接济他。

这天，米莉太太想起已经好多天没有看到笛生了，便来到他住的310号房间查看。敲了半天门没反应，她忽然发现笛生的房门下端隐约有一摊血迹！血液从门里渗出来，已经凝固成深红色的一大片。米莉太太忍不住尖叫起来，飞快地跑到楼下报了警。

警察破门而入，发现笛生身中6刀，已经在几天前就去世了。他横卧在地上，手里抓着一根铁丝，铁丝依稀被捏成圆形的样子。

凶手显然是个职业罪犯，他很老练地清除了自己的指纹和脚印，带走了凶器，没有在现场留下任何线索。根据米莉太太回忆，几天前似乎听到笛生屋子里传出激烈的争吵声。

“你能提供嫌疑人的线索吗？”警察询问米莉太太，“你觉得谁会做这种残忍的事情？”

“这幢大楼里所有的人。”米

莉太太说，“他们都是职业罪犯，要不是租金便宜，笛生也不会住到这里来，他是个多么好的人啊，总梦想能成为数学家……”说到这里，米莉太太忍不住流下了眼泪。

“等等，”一个警察忽然说，“你说他梦想成为一个数学家？”

“是啊。”米莉太太哽咽着回答，“他整天数学数学的，这么努力下去，他一定会成功的……”

“数学家……铁丝……圆……”警察喃喃自语，他好像想到了什么。几分钟以后，他抬起头说道：“我已经知道凶手是谁了，让我们现在就去逮捕他！笛生真是个聪明人，可惜啊！”

聪明的小朋友，你能读懂数学家留下的暗示，成功地找到凶手吗？

6.愚蠢的检查员

老保罗是一名负责检查入境旅客的检查员，他经验丰富，走私品无论藏在木材里还是汽车轮胎里，他都能毫不费力地找出来。走私商人都对老保罗敬而远之，宁可绕行很远也不愿从老保罗的辖区过关，只有德马克除外。

德马克每次只从老保罗的辖区经过，而且每次都主动配合老保罗的检查工作。让老保罗恼火的是，他担任检查员20年的时间里，从来没有查到过德马克携带任何走私物品。

老保罗好几次几乎把德马克崭新的宝马轿车拆散，每个零件都取下来详细检查，可也只有随身携带的私人物品。德马克不但不生气，甚至还上前帮忙，从早晨一直忙到傍晚，一句怨言都没有。最后，毫无办法的老保罗只好放行。

年复一年，老保罗快退休了。老保罗指望能在最后的任期里找到德马克走私的秘密。

这天，老保罗最后一次来到检查站上。这时德马克的银色宝马轿车也缓缓出现了。这次老保罗没有像往常一样开始严格检查，而是拍拍德马克的肩膀说：

“德马克，你真是个聪明人，虽然我知道你一直在走私东西，可就算翻遍车子我也找不出来。如果你愿意的话，我很想知道你到底把东西藏到哪里，20年来我猜想过无数次。我向上帝发誓，我这么问纯粹出于好奇，绝对不会将秘密透露给任何人的。德马克，满足一下一个老人的好奇心吧。”

德马克对老保罗说：“其实说穿了一文不值，你只是没有想到而已。”

接着德马克把嘴凑到老保罗耳朵旁边，轻轻说了一句话。老保罗先是惊愕地睁大眼睛，然后忍不住大笑起来，他笑得那么欢畅，简直眼泪都快笑出来了。

聪明的小朋友，你知道德马克把走私的物品藏在哪里吗?

7.杀人毒蜂

星期天的下午，警方接到报案，一位日本商人死在院子里一棵大树下的椅子上，地上丢着两个空啤酒罐和一些日本报纸。

警察立即赶到现场。报案的是这里的管家，他指着尸体对警察说：“主人是在凉爽的树荫下一边喝着啤酒，一边看报纸，不巧被毒蜂蜇了。你瞧，他胸部还有被毒蜂蜇过的痕迹哩。”

所谓毒蜂是非洲的一种蜜蜂，它的产蜜量要高出普通蜜蜂的3倍，但它的毒性很大，一旦被这种蜜蜂蜇了，再强壮的汉子也会死掉，所以它被称为杀人蜂。

“就算是被毒蜂蜇了，从他没来得及逃进屋里的状况看，大概是喝了啤酒醉醺醺地昏睡过去了。这附近有毒蜂窝吗？”当警察对周围一带调查了一番之后，发现邻居的一家空房的院子里有一棵大洋槐树，树上有个很大的毒蜂窝，挂在树叶遮掩的树枝上。

当时已经是夕阳西下的时候，毒蜂都钻进了蜂窝里。警察轻手轻脚地走到跟前一看，发现在另一个树枝上挂着一架日本制的微型录音机。

“这种地方，谁会把录音机丢在这儿？”警察取下录音机，把磁带倒回后一放，是盘音乐带。警察听了一会，突然想到什么，马上断定说：“这个日本商人不是在院子午睡时偶然被毒蜂蜇死的，这是巧妙地利用毒蜂作案的他杀案。”

说完，他又把录音机依旧放回原处，并隐藏在院子里的树丛中耐心地监视着。夜里9点多钟，闪出一个身影，接近洋槐树，要取下录音机。

“喂！不许动，你因杀人嫌疑被逮捕了。”警察迅速跳出来追上欲逃跑的罪犯并将其抓获。这个罪犯是在被害人手下工作的当地人，因贪污货款的行为即将败露而作案杀人。

可是，尽管如此，这位警官为什么只听了一会儿音乐，就能果断地识破罪犯的诡计呢?

8.胸针不见了

暑假，大学生曾凡和几个同学去一个公司面试，他们准备在那里找份兼职工作，碰碰运气。

他们要去的公司在一座大厦里，于是曾凡几个很快钻进了电梯，这时电梯里还站着一位衣着考究的女士，只见她的胸前别着一个很漂亮的钻石胸针。女士的旁边是一个穿着邋遢的青年，他不时地用眼睛瞟那个女士的胸部。这位女士对他十分反感，但又无可奈何，只好侧着身子。女士另一边是一个中年男子，一副不苟言笑的样子。他不时抬起左手拢一拢头发，曾凡看到他手腕上戴着一块劳力士荧光表。

突然，电梯的照明灯熄灭了，大家一阵惊恐，就在这时，曾凡觉得眼前有亮光一闪，马上身边的女士动了一下，并在喉咙里咕噜了一句听不清的话。大约20秒钟，电梯里恢复了光明，大家都嘘了一口气。

这时，在曾凡身边的那位女士忽然发出一声尖叫：“胸针，我的钻石胸针不见了。”

大家都闻声聚拢来问发生了什么事，只听那女士道：“刚才停电的时候，我觉得有人在我胸前碰了一下，因为漆黑一团，我也不好发作。现在低头一看，才发现胸针不见了。”说着，她把两只怒目紧盯着旁边的年轻人。

年轻人让她看得直发毛，终于忍不住说：“你别老瞅我，不是我偷的，我对天发誓。”

这时曾凡想了想，他把年轻人拨开说：“我能证明钻石胸针不是你偷的。”然后他转过身对那个中年男子伸出了手："先生，请你把你拿去的胸针还给这位女士，不然我就叫保安了。"那中年男子想申辩，但张张嘴没有吐出半个字。

那么，曾凡是根据什么推断偷胸针的是那个中年男子呢?

9.巧辨扒手

汽车刚到终点站，一位小姐第一个挤出车厢，请警察帮她找回被偷的钱包。

警察表示很为难："小姐，我不能对每个旅客搜身哪。"

梅丝说："不用搜身，看看每个男人的衣服就能查到扒手。"

"这是怎么一回事?"

"我故意把冰激凌涂在他身上了，只要看一下谁的身上有冰激凌的痕迹就知道了。"

原来，刚才梅丝被挤到过道里，忽然身后的那个男人将一只手伸向她的胸部。梅丝听说流氓、扒手常在汽车里作案，谁要当场叫喊，就可能吃刀子。因此她没喊叫，只是装做被前面人推了一下，狠狠将手中的冰激凌向后泼去……

警察根据梅丝的提议，果真找到了偷钱包的扒手。原来，这个扒手刚才挤到梅丝身后，先用侮辱的方法分散她的注意力，然后行窃。

后来有人问梅丝："当时你把冰激凌泼到身后，怎么就能肯定泼的是扒手，而不是别的旅客呢?"

你能帮助梅丝小姐回答这个问题吗?

10.小五郎破案

一天清晨，保险公司总裁熊本一郎像往常一样在别墅的花园里散步，突然被一位蒙面刺客开枪打死。

闻讯赶来的毛利小五郎探长在死者的保险箱里，发现熊本一郎的死与两个兄弟及一个姻兄有关。于是毛利小五郎来到熊本一郎姻兄金田村刚的家里，着手调查。

金田村刚这时刚起床，正在花园里锻炼。探长对他说："金田村刚先生，刚才你的兄弟被人杀死了。"

金田村刚一听，惊恐地叫了起来："不可能！我昨天晚上还和熊本一郎在一起，才一个晚上就死了，太不可思议了！"

毛利小五郎探长点点头，说："熊本一郎确实死了，我们希望你能够提供一些线索。"

金田村刚沉思片刻说："熊本一郎与他的两个兄弟关系非常紧张。哥哥因家财和他闹得很僵。听说要上诉到法院裁决；弟弟好像和他的太太关系暧昧，他十分恼火，早就扬言要报复他的弟弟，依我看，这两个兄弟都有杀人的动机。"

毛利小五郎警长认真地听他叙述，随后把他从头到脚打量一番说："金田村刚先生，怎么不谈谈你自己的情况呢？你不是一直嫉妒熊本一郎有钱有权吗？"

金田村刚一听，脸涨得通红，生气地说："请你不要胡言，我不否认，但你也不能认定我是凶手呀！"

"别想得太天真了，最值得怀疑的不是别人，恰恰是你！"

金田村刚极力掩饰，但仍掩盖不住自己内心的惊慌。果然，在他家里搜出了凶器。

请问，毛利小五郎警长是怎样识破金田村刚的伪装呢?

11.说谎的证人

一天，山姆探长接到彼尔先生打来的电话。他报告说，他押运的那车厢中的一袋钱币被人抢走了，共有300万美元的旧钱币。

探长放下电话，马上带领助手赶到现场。他们经过仔细检查，在靠近车门的地方发现了两支只抽了一半就扔掉的烟头，没有发现什么可疑的痕迹。彼尔头发蓬乱，脸上有一道血痕，非常狼狈。他向探长讲述了他与歹徒搏斗的经过——昨天上午7点半，我像往常一样，把站台上所有的东西装上火车。这时候，我的上司用手推车推来一个邮袋，对我说，这个邮袋里面装的是要销毁的旧钱币，共300万美元。

他要我把这个钱币袋也装上火车，运到终点站以后，就交给站长。他还对我说，路上不要让任何人知道这件事。我就把它装上火车放在我的小桌子下面，这样便于重点看管。大约11点15分，我在准备着下一站要搬下去的东西，忽然听见有人敲门，我就去开门了。

“那么你还记不记得是怎样的敲门声呢?”

“先是轻轻地敲了两下，然后又重重地敲了3下。”

“进来了两个人，我根本不认识他们。这两个人都戴着面具，只露着两只眼睛。哦，对了，他们还戴着手套呢。”

“他们进来后干了些什么？”

“那个大个儿胖子进来后没等我说话，就一拳把我打倒在地。然后就用绳子把我捆绑起来，就在这个时候，那个瘦个儿取出小桌下面的那个钱币袋，并把它扔下去……”

“那么你脸上的口子是怎么回事呀？”

“那个大个儿胖子手上的戒指划的。”

“哦，那他戴的是什么样的戒指呢？”

“是金戒指，上面好像还有一块蓝宝石。”

“你讲得真是太生动了，”探长说，“来，抽支烟。”

“谢谢您，我不会抽烟。”彼尔说。

“你不会抽烟，为什么在那节车厢里有两个烟头呢？”

“哦，对了，就是那两个人的，他们进门时每人叼着一支吸了一半的香烟。”

“他们待在车厢的时候，你听见他们说些什么吗？”

“没有，因为当时火车的声音太大了。”

山姆探长微微一笑，说：“这个案子已经被我破了，你就是罪犯！”

请问，探长为什么这样说？

12.看电视的犯人

一天晚上10点至11点之间，有人钻进克林先生的房间偷走了他抽屉里的钱。他赶紧报了案。警官彼得仔细地分析了案情，认为三个人有作案嫌疑，于是，他派人把这三个人带到局里审讯。

第一个人叫迈克斯，他是克林的邻居。他说："不是我干的，那时我正在一辆开往伦敦的车上。"彼得派人一查，确有其事。

第二个人叫托德，他是这栋楼的看门人。他说他当时看电视，也不是他干的，彼得便问了他许多关于当时的电视节目，他对答如流。

第三个人叫吉姆，他是克林先生的一个朋友。他也说不是他干的。"当时我正在一家酒店里喝酒。"

彼得派人到酒店一了解，也全部属实。

彼得手托下巴想了一会儿，指着迈克思和吉姆说："你们可以走了。"然后，他转身笑着对托德说："请你老实交代自己的犯罪过程吧。"

托德一怔，大喊："你为什么诬陷我，我哪里有作案时间？"

彼得轻轻地摇摇头，反问："你怎么没有作案时间呢？"

那么，你的看法呢？

13.失窃案

英国豪华游轮"伊丽莎白"号首次远航日本。"伊丽莎白"号是传媒大亨威廉花了3000万英镑，向西班牙造船厂订购的。这艘超豪华游轮长260英尺，有三层舱体和双层甲板，能够为80名贵宾提供舒适惬意的旅程。

威廉邀请了世界传媒集团的大亨们乘坐“伊丽莎白”号远航日本，去享受最新鲜的生鱼片和鲑鱼大餐。大亨们对这艘“游艇之王”赞不绝口，德国传媒集团的总裁加伯德甚至用嫉妒的口吻说，把全世界报纸的利润加起来，也只够造2艘“伊丽莎白”号游轮。

威廉得意地笑了，同时他还告诉大家现在已经进入日本海的航程。大亨们听说已经来到了日本领海，纷纷挤上甲板，想看看这个岛国的面貌。让他们失望的是，别说白雪皑皑的富士山，连小片陆地都看不到。

既然没有什么特别的风景，大家又重新回到客厅，讨论起如何提高数字电视技术的枯燥话题。忽然，加伯德惊叫起来，他的公文包不见了！

人们一下子全都围拢过来，大家都知道公文包失踪对一个总裁来说意味着什么，那里面不但有大量现金、信用卡和空白支票，还有许多机密资料和信息，这些信息的价值是无法估价的。

威廉非常恼火，他找来船上所有的护卫，发誓要找出窃贼。经过仔细回忆，每个人都互相证明了自己刚才都在甲板上。也就是说，偷走公文包的人只可能是船上的船员。

威廉立刻把船上的5名船员叫了过来一一询问。船长说，刚才他在驾驶舱里一直没走开过，有录像带可以作证；技师说他一直在机械舱保养发动机，好让发动机能一直保持37节的速度，可是没人可以证明；电力工程师告诉威廉，他刚才在顶层甲板更换日本国旗，挂上去以后发现挂反了，于是重新挂了一次，有国旗可以作证；还有两名船员说他们在休息舱打牌，可以互相作证。

威廉听完，立刻指出了其中一个人在说谎，并且让他交出公文包。聪明的小朋友，你知道谁在说谎吗？

14.伪装现场

一天中午，警员约翰和阿万在巡逻。当他们走到一个公园里时发现一个人倒在一棵李子树下，已经死了。这个人赤着双脚，他的脚尖到脚后跟有好几道纵向擦伤，渗出的血已经凝固了。他的后脑不偏不倚地磕在一块凸起的石头上，流出的血说明致命伤就在这里。

“大概是想爬上大树偷李子吧？不过他一定没有想过会因脚滑从树上掉下来摔死。这个可怜的窃贼，为了几颗李子把命送了。”约翰摇摇头对阿万说。

阿万幽幽地说：“你在这里陪他一会儿，我去打电话报案。”

不一会儿，探长于勒和法医赶到现场。他听了汇报又检查了死者的伤之后生气地说：“你们的脑袋简直连幼稚园的小孩都不如，这么简单的道理都没看出来吗？”接着他又说：“看明白没有？这人不是从树上滑下来的，是有人杀了他，而后故意伪装成这个样子。”探长为什么这样说呢？

15.他究竟是谁

警官福柯和女助手丽尼正在研究一封密信，那是刚从走私分子手中截获的，内容是：马尔•加森斯，24日有一批货，取道阿尔萨斯，接头方法照旧，改普通包装为4号包装，10点30分团体旅行。

两位警官经过缜密研究，决定设法逮捕马尔•加森斯，然后让精明的警士冒充接货人，通过送货人顺藤摸瓜，挖出犯罪集团的核心人物，最后把他们一网打尽。

24日早晨，福柯与丽尼一同驱车去汽车站，登上旅游大客车，车上共有12位游客，3男5女和4个儿童。这3位男客一个带着黑色公文手提箱，一个带着帆布背包，一个带着塑料购物袋，里面还有两只香蕉和一瓶水。

9点25分，旅游车到达目的地，福柯和丽尼把3个男客带进小屋看管起来，进行讯问。

带塑料购物袋的青年被带进屋。他狂吼着："我强烈抗议这种侵权行为，我要上告法院！你们必须马上放了我！并对现在发生的事情作出解释。"

"对不起，先生，我们在履行公务。"福柯并不计较青年的态度。

"马尔•加森斯这个名字你听说过吗？"

青年想了一会儿说："我不认识这个人。"

"谢谢您，先生，请您再委屈一下，到隔壁房间等一下。"

第二个男人是拎公文提箱的法国人，福柯检查了他的箱子，里面只有几本有关土耳其的书籍。

"你听说过马尔•加森斯这个名字吗？"福柯问。

这位法国人回答："我从来没听说过这个名字！"

背帆布背包的男子走进来便大声尖叫："你们搞什么名堂，凭什么把我们扣在这儿？"

"我们正在找一个人。"

"总不会找我吧！"这个人尖刻地挖苦福柯。

"你听说过马尔•加森斯这个名字吗？"

这个人毫不思索，干脆答道："我根本不认识他们。"

福柯再一次向他表示歉意："行了，先生，您可以走了。"

"现在可以肯定，马尔•加森斯就在这3个人中间！"福柯说道："马尔•加森斯只不过是个化名而已。"

请问，警察要抓的马尔•加森斯究竟是谁呢？

16.录音带也说谎

泰森是一名会计师，他主要负责审计和监督股票市场上市公司的财务运行状况。以便让股东了解到真实的信息，防止公司弄虚作假。

这天，一份等待审核的年度财务报表放到了泰森的桌子上。这是一家经营地板装修的公司，叫“大地地板”。从报表上来看，这家公司经营有方，利润高达2000万美元，这在经济普遍萧条的环境中是不多见的。

泰森发现许多材料用途不清楚，有的材料甚至被多次使用，他正考虑是不是打电话询问一下大地地板公司的财务总监，电话却响了起来。

“喂，请问是泰森会计师吗？”电话里传来一个彬彬有礼的男声，“我是大地地板公司的财务顾问凯特森，如果能和您共进午餐，我将非常荣幸。”

“我正想找你呢。”泰森说，“你们的材料有问题。”

“中午，我们在您事务所对面的咖啡馆见，我会把有关材料全部补齐的。”接着，泰森甚至都没有拒绝的机会，凯特森就挂断了电话。

中午时分，泰森找到了早就等候在咖啡馆里的凯特森。他要了点心和咖啡，跟凯特森寒暄了几句，便直截了当地问道：“凯特森先生，那些材料你带来了吗？坦率地说，我对你们公司的赢利并不乐观，以你们的规模，似乎不大可能有这么高的利润额。”

凯特森微笑着点点头。递过来一个厚厚的信封。他说道：“50万美元，希望您能给我们一个机会，如果再支撑一年，明年的这个时候，我们将是全国最大的地板集团了。”

作为一个会计师，泰森坚决地拒绝了凯特森的贿赂，他有自己不可动摇的做人准则。凯特森于是转移话题，和泰森聊起高尔夫球来。咖啡馆的侍者看到他们愉快地谈论了一个小时，然后凯特森结账离开。

两个小时以后，有人在咖啡馆的洗手间里发现了泰森的尸体，他被尖刀刺中心脏，双目圆睁，好像发怒的样子。

警察在他口袋里找到一个微型录音机，按下播放按钮，传来了这样的声音：“如果我出事，凯特森是最大的嫌疑人……我拒绝了他的贿赂……天啊，他来了，啊！”

警察马上逮捕了凯特森，可是他坚持说自己是清白的，录音带是有人想嫁祸给他。由于没有别的证据，侦破陷入了僵局。

聪明的小朋友，如果把这个案子交给你，你觉得凯特森是不是凶手呢?

17.白纸上的遗嘱

库恩是一个盲人，他非常喜欢写作，经过数十年的努力，他终于成为一名成功的作家。简恩是库恩的好朋友，他是一名盲人歌手。相同的经历使库恩和简恩成了亲密的朋友。

这天，简恩演出回来，顺道探望了重病在床的库恩。库恩紧紧握住简恩的手，喘着气对简恩说道：“你是我最好的朋友，我最信任你。有件事情托付给你。我死以后，就从我的遗产里划出一半，也就是100万美元留给残疾人福利机构，希望能帮助更多的残疾人。现在，我就开始写遗嘱，然后由你保管它。”

接着，库恩让他的妻子拿来纸笔，他在床头摸索着写好遗嘱，装进信封里亲手密封好，郑重地交给简恩。

简恩接过遗嘱，慎重地把遗嘱专程送到银行保险箱里保存起来。半年后，库恩死于癌症。在库恩的葬礼上，简恩宣布了他的遗嘱，大家都为库恩的爱心而感动。而当残疾人福利机构的代表郑重地打开密封完好的遗嘱时，却吃惊地睁大了眼睛——里面竟然是一张白纸！

简恩根本无法相信，库恩亲手密封、自己亲手接过并且由银行保管的遗嘱会变成一张白纸！他仔细回忆，整个过程没有丝毫能够引起怀疑的地方，进了银行的保险箱，谁都无法更换涂改，何况密封还是完好的呢？

这时来参加葬礼的尼克探长对简恩说："简恩先生，虽然这只是一张白纸，但库恩先生的遗嘱仍然成立。"

众人都疑惑不解，尼克探长又说了几句话，众人恍然大悟。

聪明的小朋友，你知道是什么原因吗？

18.谁是杀人犯

一个晚上，明星蒙娜被人刺死在自己的家里。根据现场的情况判断，蒙娜被刺前跟凶手有过一番搏斗。

警方在勘查了现场后发现，死者被刺的房间的玻璃窗被打破了，碎玻璃渣子满地都是，看样子是从外面扔过来的石头造成的。

警方抓获了三名嫌疑犯，他们的外貌分别是这样的：A是一个年轻小伙子，和蒙娜有暧昧关系；B是蒙娜的经纪人，一个中年男人，一只眼睛包裹着，据他自己说是得了红眼病；C是蒙娜的司机。这三个人都能很亲近地接近死者，他们都说没有杀害蒙娜，但都在事发那天见过死者。

警方在经过周密的调查后发现了凶手。你知道凶手是谁吗?

19.头发的秘密

一天下午，演员苏珊被人谋杀在她的公寓里。警方在察看现场的时候发现了死者手中紧紧攥着几根金色的头发。警长马上把这唯一的线索保存了起来。

经过法医的鉴定，死者的死亡时间推定是今天早晨6至7点之间。

最先发现死者的是打工的女佣凯特。

警长问道："在苏珊小姐认识的人中，有没有金发的人。"

"化妆师马休就是金发，他曾追求过苏珊小姐而遭到拒绝，会不会是他怀恨在心杀了苏珊小姐。"

听了女佣的话，警长认为有必要调查一下。他和在场的伙伴交代了几句，就来到住在本楼的马休的房门。

出来开门的马休的确是个金发男子，看上去刚刚理过发。警长将苏珊被杀的事情告诉了他，并询问他今天6点至7点钟在哪里。马休显得有点紧张，说话有点结结巴巴。

"我在自己的房间里睡觉。因为是单身生活，所以没人给我作证，不过我说的是实话。我承认我曾遭到她的拒绝，但我并不恨她，更不可能为了这把她杀死。"马休说这番话时脸上的表情很诚恳。

警长微笑着说，"不过请你再回答我一个问题，你是什么时候理的发。"

“昨天中午，这与案件有关系吗？”

“关系重大。”警长认真地说。为了慎重起见，能拔一根给我吗？”

马休很配合地拔了自己的几根头发，不知道警长葫芦里卖的什么药。

“嗯，完全是同一个人的头发。”警长把从被害者手里攥着的头发拿了出来。

“你，你怎么可能有我的头发，这怎么可能呢？”马休不敢相信自己的眼睛。

“别紧张，凶手不是你。”警长接着问：“你知道有什么人能够同时接近你们两个人吗？”

“凯特，她能。她除了帮苏珊打扫卫生外，也帮我清理房间。我曾听苏珊说过，她手脚有点不干净。”

警长微微一笑说：“我知道是谁杀了苏珊小姐了。”你知道警长为什么这么说吗？

20.给你5秒钟

这天上午，杰克和约翰坐车来看望住在郊区别墅的金姆森太太。作为医生的金姆森太太是位可敬的老人，她挽救了不计其数的小儿麻痹症孩子的生命，为此，她获得了“爱心天使”的称号。她退休后便在这里的别墅住了下来。

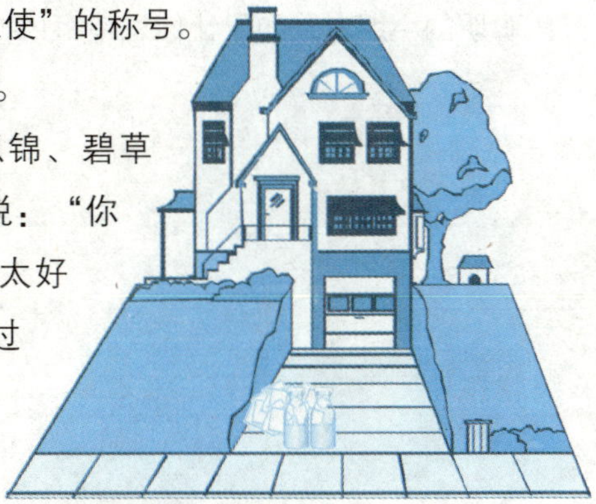

转眼到了金姆森太太繁花似锦、碧草如茵的小院了。杰克忽然对约翰说：“你看，金姆森太太最近似乎身体不太好啊，墙上的花有段时间没修剪过了。”

约翰和杰克迅速直奔小院。他们在门外敲了很长时间，屋子里一点声音都没有。这下，约翰也担心起来，他皱着眉头喃喃自语：“不会出什么事吧？我们还是进去看看……”

杰克轻轻一推，门就打开了，原来是虚掩的。两人小心地沿着铺满花草的小径向前搜寻，穿过花园，走进别墅，终于在一楼餐厅里发现了金姆森太太的尸体。

她是在用餐的时候遭到突然袭击的，一柄尖刀贯穿胸口，瞬间夺去了她的生命。凶手随后洗劫了整幢别墅，他撬开了所有抽屉，带走了所有值钱的物品。

“怎么会这样？”杰克和约翰吓得差点瘫倒在地上。过了许久，两人才缓过神来。

“报警吧。”杰克满怀沉痛地坐在金姆森太太对面，缅怀这位勇敢而仁慈的女士。

“我们还是出去等吧，我已经让车夫报警去了。”约翰对杰克说道，“免得警察来的时候，又要为剔除我们的脚印指纹伤脑筋。”

两人伤感而沉默地坐在别墅前的台阶上，看着送来的报纸堆满了整级台阶，而订阅它的人永远不会再读报了。别墅的台阶下，还放着两瓶早已过期的牛奶，也是金姆森太太订的。

杰克看着这十几天的报纸和两瓶牛奶，猛然间明白了一些东西，他拉住约翰的手说道：“我知道谁是凶手了！这只需要思考5秒钟！”

聪明的小朋友，如果让你思考5秒钟，你能说出凶手是谁吗？

21.浴缸杀人事件

富豪布莱克有一幢能看见海景的豪宅，这天，他的好朋友尼克探长想去看看布莱克先生。路上，尼克给布莱克先生打了电话，告诉他大约半个小时后到。

半个小时后，尼克准时到达，可在陈设奢华的客厅里等了五分钟左右，还不见布莱克先生出现。

这时仆人特里说："老爷进去洗澡已经半个多小时了，会不会……"

尼克探长撞开房门，发现布莱克先生泡在浴缸里，已经死了。从初步检查的结果来看，他是溺水死的，死亡时间大概在半小时前。

警察赶到后做了进一步分析，发现布莱克先生竟然是被海水溺死的！他的肺部有大量海水，而没有淡水残留。同时，整个下午只有仆人特里一个人在家，没有其他人来过。

尼克对警察说："抓住特里，只有他有作案时间，他就是凶手！"

"不是我，真的不是我！"特里拼命地摇头，"你打电话回来的时候老爷还接电话呢，从那时到现在只有30多分钟，可是从这里到海边却要一个小时！我就是坐飞机也来不及啊！依我看，一定是这宅子里出现了海鬼，在浴缸里杀死了老爷！"

尼克探长仔细地察看了浴缸，发现经过一段时间后，浴缸边上有了一些细小的白色粉末，他回头冷笑道："少来了，你那点雕虫小技还能瞒过我吗？你就是凶手！"

聪明的小朋友，特里是怎么在20分钟里完成"不可能的任务"的呢？

22.找不到的邮票

高级特工苏菲接到重要任务：从当地的情报人员手里得到一片写有绝密情报的芯片，并把它带回国内。

这次的情报非常重要，许多国家的情报人员都想得到它，形势十分急迫。苏菲看了看手表，时间已经是下午四点十五分，比预定好的接头时间晚了十五分钟。

“会不会出事了？”正当苏菲有点担心的时候，一辆黑色轿车忽然疾驰而来，一下子停在她身旁。车窗玻璃后面，一个男人急切地招呼她：“快点上来，他们在后面……”还没说完，他的肩头已经中弹，鲜血流得满车都是。

苏菲迅速钻进车里，把开车的情报人员挪到一边，起动轿车开始狂奔。苏菲左突右闪，拐上高速公路，终于甩掉了“尾巴”。

“给你！你走！”中弹的情报人员因失血太多，已经没力气说话了，他把一个信封塞给苏菲。苏菲下了汽车，迅速换乘地铁回到宾馆。

苏菲把染着鲜血的信封拿出来，这是一个普通的邮政信封，信封里除了一份参加某个展览会的邀请函和邀请商的名片外，就再没有其他东西了。苏菲把名片和邀请函对着灯光仔细观看，没发现任何异常的地方，难道是弄错了？

苏菲的眼光落在了信封上。她小心地剪下邮票，果然发现它比普通的邮票厚一些，原来芯片就粘在邮票后面！正当她收拾东西准备离开的时候，走廊上忽然响起吵闹声，好像是有人要强行进来的样子。

糟糕！把芯片藏到哪里去呢？只有

几十秒的时间，房门就被推开了。一个男人带着警卫走进来说道：“对不起，一位贵宾说他丢失了珍贵的首饰，我们奉命搜查。”

接着，那个男人一挥手，5个警卫一拥而上，把苏菲的所有行李和房间的每个角落都搜查了一遍，甚至还让女警卫搜了苏菲的身，却没有任何发现，房间里好像从来没出现过这张邮票似的，只有电视机和电扇的响声一起一落。

男人和警卫们无奈地离开了，苏菲脸上露出一丝不易察觉的微笑。聪明的小朋友，你知道苏菲把邮票藏在什么地方了吗?

23.望远镜杀人

在第一次世界大战期间，同盟国指挥官华蒙托夫投降了协约国后，这对同盟国将大大不利。华蒙托夫熟知同盟军的战术、兵力分布甚至将领的习惯，这些绝密情报让他成了同盟国军队的头号敌人。

同盟国军队曾派出了许多身怀绝技的人去刺杀他，但华蒙托夫上校不仅护卫森严，他还是拳击好手，去刺杀他的人不是被抓住，就是在他的铁拳下丧生，华蒙托夫因此扬扬自得，自称是“不怕暗杀的人”。

一天傍晚，华蒙托夫上校带着警卫偷偷爬到一座山上，观察同盟国军队的情况。这座小山虽然不高，可是却十分陡峭，山下有一条蜿蜒的小河，南方军队就驻扎在小河边。华蒙托夫上校和警卫们悄悄攀上山顶悬崖，趴在悬崖边缘观察同盟国军队的部署情况。

过了很长时间，警卫们发现上校还是趴在悬崖边缘一动不动，轻声呼唤也没有反应，不由着急起来。他们把华蒙托夫上校拉起来一看：上校竟然死了！警卫大惊失色，连忙把华蒙托夫抬回营地，请军医鉴定。

军医经过仔细检查，发现华蒙托夫全身一点伤痕都没有，平时体壮如牛的华蒙托夫怎么会突然死去呢？一时间，谣言四起，大家都说这是上帝的震怒，叛徒得到了应有的惩罚。

事情越传越远，传到了一位著名探案专家耳中，他稍微思索了一会儿说：“这不过是一个巧妙的杀人事件，如果我没有猜错的话，华蒙托夫的望远镜当时一定遗落或者丢失了。”

后来，将信将疑的人们重返那座小山，果然在小河中找到了卡在河床上的望远镜，揭开了上校离奇死亡的秘密。

聪明的小朋友，你明白上校是如何死去的吗？探案专家为什么能在千里之外，预见到一架失踪的望远镜呢？

24.简恩的谎言

加斯与简恩合谋将邮票展览中价值连城的古版邮票偷去，离开时由简恩带着邮票，二人分开逃跑。

两天后，加斯来找简恩，商量将邮票变卖后分钱。简恩道：“现在风声正紧，我把邮票收藏到秘密的地方。等过些日子，我们再取出变卖吧。”但加斯认为，这是简恩想独吞邮票的诡计，便不肯答应。

最后，简恩说：“这样吧，邮票由你保管，等风声过后我再来找你，这样你总可以放心了吧？”于是加斯答应了简恩的建议。

简恩取出一个钥匙，对加斯说：“我把邮票

收藏在一本圣经的第47~48页之间，这本圣经我存放在距离这里三条街的邮局信箱内。这是信箱的钥匙，钥匙上有信箱的编号，你去拿吧。迟些我再与你联络。”

加斯拿了钥匙便匆匆跑去邮局，走到半路，他停下来了，低声骂道：“混蛋！竟敢骗我？”便跑回去找简恩，但到达时，简恩已逃之夭夭了。

试问：为什么加斯说简恩欺骗了他呢?

25.伪造的遗嘱

汽车大亨库顿因心脏病发作，抢救无效而去世。他的离世让库顿集团继任掌管者的竞争更加激烈。库顿的三个儿子米萨、吉尔斯和大卫都来到集团总部，等待律师宣布遗嘱，确定谁将最终成为这个庞大企业的总裁。

看到人都到齐了，律师当着兄弟三人的面，拆开一份密封完好的文件，里面是老库顿的亲笔遗嘱：“如果我因意外事件死去，库顿集团由吉尔斯掌管。”落款时间是2001年11月30日。

吉尔斯有些惊讶，而米萨则恨得牙痒痒的，却也无可奈何。突然，小儿子大卫站起来说道：“等一等，我知道父亲在写完这份遗嘱后又重新立过一份遗嘱，因此根据法律，遗嘱内容应该以最后一份为准。”

“哦？”米萨一下子来了兴趣，他连忙追问，“后面一份遗嘱在哪里？”

“在家里客厅的保险柜里。我们现在就一起回去看看吧，如果两份遗嘱一致，那么公司就归吉尔斯管理。如果两份遗嘱不一致，那么我们就按照后面一份遗嘱的内容办。”大卫回答道。

于是，一行人驱车来到库顿先生的别墅。走进客厅，大卫取下挂在墙上的油画，顿时露出一个嵌在墙中的不锈钢保险箱。他打开保险箱，取出一份文件，同样是密封完好的。

大卫当着其他人的面打开文件，只见老库顿亲笔写道：“我决定用这份遗嘱，推翻以前所立的一切遗嘱。我去世后，由大卫掌管库顿集团。”落款时间为2001年11月31日。

米萨的希望再次落空，他跳了起来说：“不行，我不承认！你们一个买通律师，一个伪造遗嘱，我最老实，所以我最吃亏！”

大卫得意扬扬地说：“不承认也没办法，父亲就是这样分配的，你觉得不公平可以自己去找他理论。”

这时，吉尔斯哈哈一笑说道：“大卫，知道为什么爸爸没把公司留给你吗？你很有经营头脑，可办大事的时候老是糊里糊涂，这遗嘱一看就知道是你伪造的！”

聪明的小朋友，你觉得大卫手里的遗嘱是真的，还是伪造的呢？

26.梨上的破绽

一日，莫里斯带着律师迪恩和一篮子梨来到他的生意伙伴萧伯斯的家中。他准备在律师的调节下，妥善解决合作中出现的经济问题。

萧伯斯很热情地拿起一把水果刀为他们削梨。削完后，他递给莫里斯，莫里斯没有接。萧伯斯尴尬地笑了笑，又递给律

师。律师迪恩说自己从不吃梨。箫伯斯只好自己吃起来。莫里斯也拿了一个梨削了起来。莫里斯是个左撇子，迪恩看起来有点怪。谁知，莫里斯的梨还没吃到一半，就倒下去了。

警察讯问后，都很迷惑：“他怎么会被自己带来的梨毒死呢？”在一旁的迪恩冷静地说：“我敢肯定是箫伯斯毒死莫里斯的。”接着他描述了箫伯斯采用的手段过程。警察的调查证实了律师的话是对的。

你知道这是怎么回事吗?

27.倒霉的猫

一天上午，一幢大厦的管理员跌跌撞撞地跑进警察局报案。原来他到著名作家琼斯家门口收拾垃圾的时候，房里散发出一股难闻的煤气味。他连忙敲门，可是无论他把门敲得山响，里面还是一点声息也没有。

警探撬开房门后，只见琼斯倒在卧室地板上，满房间都是浓浓的煤气味。经过法医仔细鉴定，确认琼斯是煤气中毒身亡的，死亡时间大约是凌晨一点到三点之间。琼斯身上没有伤痕，门窗也没有被撬过的痕迹。看来，这似乎是一场意外，煤气杀手又夺走了一条生命。

警察拿出记录本问道：“那么，昨天晚上有谁来找过琼斯吗？”

管理员回忆着说：“一个男人……经常来的，好像是她的经纪人，在登记簿上登记的名字是劳伦斯。”

“哦？”警察连忙记录下这个人，既然他是唯一接触过死者的人，那么必然有重大嫌疑。

“这个劳伦斯先生应该不是凶手。”管理员接着说道。

“为什么呢？”警察问道。

管理员拿出登记簿翻给警察看：“你看，他是晚上八点时来的，十点的时候离开的，琼斯小姐亲自送他下来，然后上楼去了。打那以后，就没人来过。”

这么说还真的不是他。警察也觉得老人的分析是正确的，死者死亡的时间是凌晨，这个时候劳伦斯早就离开了。随后的调查也表明，劳伦斯从琼斯家离开后，就去参加一个朋友的通宵派对，很多人可以证明他整晚没有离开过。

“看！这是什么？”一个警察从沙发后面拖出来一样东西，大家围拢过去，发现是一只灰色的波斯猫。这只胖乎乎的宠物也由于煤气中毒，和它的主人一起死去了，可是奇怪的是，它的尾巴尖上绑着一个棉花团。

“煤气管这里有破洞！”又一个警察说，只见塑胶煤气管靠近地面的地方，有一个破裂的口子，似乎是被故意剪开的。

“奇怪了，这个琼斯小姐还真让人捉摸不定。”一个警察说道，“好好的一只猫，为什么绑个棉花团在尾巴上呢？而且如果煤气管有裂口，应该早就发现了啊。”

警察们看着奇怪的裂口和那只倒霉的胖猫，认真地琢磨究竟是怎么回事。忽然，有个警察叫起来：“我明白了，罪犯真聪明！快逮捕劳伦斯，他就是凶手！”

聪明的小朋友，你凭借这些线索，能够推测出劳伦斯是怎样作案的吗？

28.电扇的秘密

这是个炎热的夏天，来墨西哥城度假的柯南探长，此刻正躺在新世纪宾馆的房间里，可恼的是宾馆的空调坏了，36摄氏度的高温让人昏昏欲睡，探长感到异常烦闷。

“砰！”一声沉闷的声响打断了柯南探长的思绪，凭借职业敏感，他分辨出这是一声枪响。柯南马上和服务员到楼上的房间里查看。

服务员打开房间，只见一个男青年倒在血泊中，子弹贯穿了他的心脏，看来是没救了。他的手上握着一把手枪，遗书端端正正地放在桌子上，房间里到处散落着乱七八糟的手稿，窗户紧紧地反锁着。

服务员尖叫着报了警，柯南则继续查看现场。死者似乎是一个不成功的作家，他留下的遗书里充满了对自己命运的失望，看来是因为梦想不能实现而自杀。

随后赶来的警察开始整理证据，他们检查了手枪，发现这把枪上只有死者本人的指纹，手枪只射出过一发子弹。经过笔迹对比，遗书也是他本人写的，看来这是一起自杀案件。

“为什么有这么多人想不开呢？”警官挠挠头说，“柯南先生，谢谢你帮助我们的工作。”

“不客气。”柯南摇摇头说，“大家都是同行嘛。唉，这鬼天气还真是热啊！”他四处寻找电扇，却发现电扇掉在桌子下面。原来自杀者倒下的时候刚好压到了电源线，带倒了电扇。

既然事情已经弄清楚，下面的工作就是清理现场了。柯南打算和同行多聊聊，便拽起电源线，把电扇放回桌子上，然后插上电源，电扇立刻转动起来，柯南感觉舒服了许多，同时想到了什么。

“不对，弄错了！”柯南说。

警官点点头：“我同意，原来真相是这样的！好像这不是一桩自杀案件！”

聪明的小朋友，你觉得这是一桩自杀案件，还是一桩谋杀案件呢?

29.睡衣里的玄机

一天晚上，珠宝商用高价从一个破产的贵族那里买到一颗很大的宝石。一个盗贼听说了此事，就假扮成珠宝鉴赏家来到了珠宝商家里。两人谈得十分投机。前引号“鉴赏家”对宝石的大加赞赏，用了很多甜言蜜语把珠宝商好好地恭维了一遍。看完后，珠宝商当着“鉴赏家”的面把它们放回一个小房间，上了锁，并让一只大狼狗守在门口。

半夜，这个贼偷偷进了珠宝商的房子，正当他拿到那颗宝石准备越墙逃走时被珠宝商发觉，两人打了起来。谁知，那条大狼狗不咬贼，反而把主人咬伤了，“鉴赏家”乘机带着宝石逃跑了。

珠宝商十分沮丧地把灯打开，看到地上的破睡衣，气都不打一处来。“该死的狗，我养着你还有什么用，连主人都不认得？”说着便要把狗赶出去，但那只狗还围着睡衣团团转。

“亲爱的，你看看那件睡衣？”珠宝商的老婆觉得狗有点奇怪。

珠宝商捡起那件破睡衣仔细看了一会儿，忽然叫着："啊，不！这件睡衣不是我的。我的那件睡衣的前胸口有一块污渍。"

"那么我知道是怎么回事了。"老婆说。

你知道是怎么回事吗?

30.凶器不见了

一天，一间浴室发生了一起谋杀案。发现尸体的是浴室的老板霍普森太太。警方很快赶到了现场，看到被害者一丝不挂，伤口在柔软的腹部。从伤口判断，凶器可能是短刀一类的东西。可浴室内除了一个空暖瓶外，根本找不到看似凶器的刀具。

根据霍普森太太提供的情况，这个死者是一个叫瑞丝的姑娘。她是对面高级宾馆的招待员。霍普森太太说当时跟瑞丝来的还有个叫马丽的姑娘，那个暖瓶就是马丽带来的。后来那个马丽一个人出来了，手上空空的。

显然，这个马丽就是凶手。警方根据霍普森太太的描述，很快逮捕了马丽。可是马丽根本不承认，声称自己洗完澡后就走了。因为警方没有找到杀人的凶器，马丽很快就被释放了。

那么你们知道马丽是用什么凶器刺杀瑞丝的，后来又把凶器藏到了什么地方呢?

31.逃不掉的杀人犯

有一个狡诈的杀人犯，叫做马克，他在半月的时间内连续疯狂作案，有5名无辜的公民被杀死，并且给他抢走了50万美元。警方撒下了天罗地网，终于在一家饭店的客房内将他逮捕归案。

被打入死牢的马克并不死心。心想只有拼死越狱，逃到国外去，或许还能有一线生机。

一天，趁着夜色马克不知从哪里搞来了一根锯条，他慢慢地割断了窗棱。夜色越来越浓，单人牢房铁窗上的栏杆被一根根地锯断。马克逃跑了。

探长林斯顿接手了这个案子，他知道这个家伙非常狡猾，但他肯定还没有逃出国。因为出国要钱，他肯定会找他的母亲要钱的。

一连过了半个月，马科还没有出现。林斯顿密切监视着他母亲的住宅，但没有任何异常的情况出现。林斯顿真有些沉不住气了：这家伙怎么还不露面呢？难道远走高飞了？

一天，林斯顿终于等来了消息，将近中午，马克拨通了给母亲的电话："妈妈，我没钱啦。快送钱到人民广场来，让我逃出美国。我已化了装，你认不出来我。你在广场来回走动，我来找你。"说完电话就挂断了。林斯顿把这一切都听得清清楚楚，只是他觉得很奇怪怎么没有听到马克的母亲的声音。就在这时，马克家里的电话传来了一阵狗叫。原来如此，林斯顿知道是怎么回事了。

林斯顿带领众人很快地在人山人海的站前广场上抓到了化装了的马克。

你知道林斯顿是采取什么办法捉住马克的吗？

第四章

科学推理篇

所有的侦探案件：疑案、悬案、奇案、谜案都需要侦探有一双独具的慧眼，看穿其中的阴谋诡计！任何一个高明的侦探，都必须具备丰富的科学知识，这一章，就会让大家感受到科学知识在侦探中的神奇作用！

1.最后一分钟

一天，在一辆飞驰的火车上恐怖分子把一枚炸弹安在了一个很隐蔽的地方。排弹人员谢廖莎被派来排除炸弹。

谢廖莎和工作人员依靠着丰富的经验找到了那枚炸弹的位置，正当他们高兴之余，发现这是一颗接在闹钟上的定时炸弹。上面有很复杂的连线，剪错一根就可能导致全车厢的人都会送命。现在作为定时装置的是一种常见的老式闹钟，定时的指针正指着14时30分，大概一到这个时间，就会接通表中的干电池，引爆炸弹。

谢廖莎和同事开始了复杂而又艰苦的工作，距离爆炸时间越来越近，可是他们还没有使闹钟停下来。但炸弹一爆炸，会给自己和乘客带来巨大的不幸。谢廖莎只有一个念头，一定要设法防爆于未燃。

时间在一分一秒地过去。谢廖莎趴在地上用指尖轻轻敲动闹钟字盘的外壳。外壳是透明的塑料，不是玻璃制的，可并非轻易就取得下来。万一不小心，会接通电流，那就有引爆炸弹的危险。

怎么办才好呢？谢廖莎思索片刻，突然计上心来。他马上开始行动，终于在炸弹将要爆炸的前一分钟内，设法拆除了定时装置，炸弹顷刻成了一堆废物。

你知道谢廖莎采用的是什么办法吗?

2.牵牛花和纵火案

早上，大阪城西的化工厂笼罩在熊熊的火焰中，到处都散发出灼人的热浪。经过消防队员一上午的奋战，大火才被扑灭，可堆放了很多易燃品的化工厂也几乎化为灰烬。

后来，警方在火灾现场发现了明显的纵火痕迹，原来这是一起人为纵火案！经过多方调查，了解到农场科研人员熊本和化工厂老板曾有过过节，两人为了一件事情差点打起来。而今天凌晨，一个拾垃圾的老太太说好像看见熊本经过这里。

一定要找到熊本！为了保险起见，警长请来了侦探毛利小五郎助阵。

“你是熊本吗？”警长敲开熊本的家门后问道。

“是的，你们有什么事吗？”开门的是一个斯斯文文的中年人，他戴一副眼镜，穿着米色条纹的衬衫，一点都不像丧心病狂的纵火犯。

“我们来调查一起纵火案。请问今天凌晨大约4点，你在哪里？”

熊本不慌不忙地回答：“我在家里啊！我一个人住，不过我倒可以证明自己不在现场的。”熊本把警长带进了屋子，拿出一叠照片说道：“正巧，我今天凌晨早起，拍摄我种的牵牛花开花的情景。牵牛花总是在凌晨4点左右开花，一个小时以后开花结束，这是我拍下的照片。”

警长仔细察看了照片，确实是今天凌晨拍摄的。他又核对了拍照用的相机，确定没有自动拍照的可能。

探长疑惑地问毛利小五郎：“他所说的关于牵牛花开花的时间，确实是这样的吗？”

毛利小五郎点点头：“没错，牵牛花是一种开花时间性很强的植物，每天开花确实是熊本所说的时间。从绽放到凋谢，大约需要45分钟。”

“这么说，这件案件和熊本没有关系了。”探长放下了手中的照片，“4点45分拍照才结束，而这时候火灾已经发生了，熊本不在场的证据是成立的。”

毛利小五郎笑着摇了摇头：“不，恰恰相反，我觉得熊本是纵火犯。”

“可是，他有不在场的证据啊！”探长看着那些照片，有点摸不着头脑了。

聪明的小朋友，你知道熊本是怎么制造出不在场证据的吗?

3.领带杀人

一个晚上，在波普·埃德华家中举行的晚宴已进入高潮。这是个家族晚宴，客人中最受欢迎的是主人的表弟——基普森。他是个英俊的家伙，言辞幽默，极讨女人喜欢。现在基普森又在开他擅长的玩笑，因此大家纷纷向他举杯。本来有些酒量的基普森有些醉意了。

主人埃德华在一旁厌恶地望着得意扬扬的基普森，因为他不知从哪里得知自己的妻子与基普森有私情，因此恨得牙痒痒，望基普森时眼睛都快射出利剑来了。

突然，主人埃德华利用上菜的一个机会来到了基普森身边：“亲爱的表弟，听说你最近做了一个大买卖，来，干一杯，为了咱们家族的兴旺。”

他一边讥讽着，一边故意的晃动着手中的酒杯。果然，杯中的酒洒到了基普森的领带上。

“哎呀，对不起，真对不起。”埃德华一边道歉，一边假意用手去擦，结果更弄得一塌糊涂。

“没关系，这种领带一条两条的算不了什么……”基普森应酬着。他心里多少有些不快，但不好过分表露。

“你把领带脱下来，让女仆拿去洗洗吧。”对面的埃德华夫人关切地说。

“不用了，没关系。我自己去洗好了。”

因为有埃德华在场，基普森觉得和埃德华夫人不便过分亲昵，然后自己朝洗脸间走去。

洗洁剂就在洗脸间的架子上放着，他将液体倒在领带上擦拭污迹。污迹很快消失了，他系好领带，立即回到了众多宾客中间。

基普森回来后没过多久，就突然晕倒了，众人惊慌失措，急忙把他送进了医院，但没等医生搞清楚原因，可怜的基普森就一命呜呼了。

家族里的人都为失去这么一位有才气的年轻人而叹息，只有一个人暗地里幸灾乐祸。这个人就是波普•埃德华。他为自己报复计划的成功而沾沾自喜。

那么，他究竟是用什么手段杀了基普森呢?

4.泄密的帽子

新加坡风景秀丽，尤以美丽的海滩著称，每年吸引了大批游客。

一天，警署忽然接到报告，说一名美国女游客失踪了。警长胡松马上赶到出事的饭店。据同团的旅游者回忆，她昨晚说要去买一顶太阳帽，然后就出去了，大概是十点左右。

没有别的线索，胡松只好在太阳帽上打主意。他到饭店附近的商店里，挨个询问有没有一位年老的美国妇女买过一顶太阳帽。他来到一家较为偏僻的商店，店主跟了过来。当胡松向他提出同一问题时，他想了想说："有一个。她买了一顶黑猫太阳帽，就是那一种。"他把墙上挂着的样品指给胡松看。

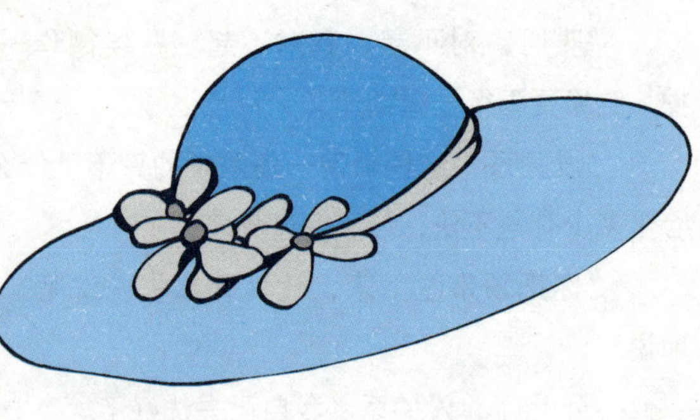

"是那个大眼睛的吗？"胡松问。

"对，就是那一种。"

胡松掏出证件说："我是警察。要搜查你的商店，请你不要妨碍公务。"

胡松最后在库房里发现了被害人的尸体。

那么他是根据什么作出判断的呢？

5.多出来的血型

在大雨滂沱的夜晚，丘尼独自驾车从莱克里镇返回纽约。四处漆黑一片，眼看已经晚上9点，离纽约还有一百多英里，丘尼面对这鬼天气，心情糟糕透了。

丘尼用左手握住方向盘，用右手在工具箱摸烟盒，想抽支烟平定一下情绪。就在他的手指碰到烟盒的时候，刺目的远光灯光下忽然出现了一个农夫！ 这时候，这个农夫闪躲已经来不及了，农夫只有呆呆地张大了嘴，发出惊恐的号叫。

丘尼拼命踩下刹车，同时往左边猛打方向盘，他根本没想到路上有行人，所以车速很快。刹车皮死死咬住车轮，响起刺耳的刮擦声，可大雨和

惯性却让失去了动力的汽车继续飞速前进，接着，丘尼听到一声沉闷的响声，汽车又朝前滑了近百米，才停了下来。

丘尼慌忙下车，只见那个农夫已经被撞得血肉模糊，呼吸心跳都停止了。想不到自己竟然撞死了人！吓得他顿时手足冰凉，这时一道闪电从天际划过，丘尼恍惚间看到农夫坐了起来，正冲自己冷笑……他吓得连滚带爬地回到汽车上，开到最大马力，慌不择路地开始逃窜。

一开始，他还沿着公路飞奔，后来，在一个转弯处由于车速过快冲出公路，车子开到了路边的牧场里。丘尼好像发了疯一样狂奔，眼前只有农夫惨白的脸，耳边不断响起沉闷的嘭嘭声，他完全不辨方向，车子将牧场里的草碾得七零八落也完全不管。

这样不知道过了多久，直到汽油耗尽，丘尼才停下来。

天亮后，他发现远处飞来了警方的直升机。原来，警方发现农夫被撞死后，根据汽车留下的痕迹，很快就找到了丘尼。警方在他的汽车轮胎上竟然还找到了A、B、O三种血型，而死去的农夫是B型血，也就是说，丘尼很可能还撞死了另外两个人！

丘尼惊呆了，他虽然因为害怕而几乎陷于半疯狂的状态，但还是清楚地记得自己只撞了一个人，但警方根据轮胎上的血型检验报告，准备起诉他三起过失杀人罪。

聪明的小朋友，你觉得这件事情的真相到底是怎样的？究竟是丘尼在慌乱的状态里连续撞了三个人，还是他只撞了一个人？如果他只撞到一个人的话，为什么轮胎上会有三种血型呢？

6.幽灵的真相

20世纪中叶，在墨西哥东部有一幢古屋曾出现“幽灵”。当时，买下这幢古屋的主人想重新将屋子装修一下，于是便雇来了工人，工人们刚刚走进前厅，突然，一个全身冒着火焰、身高两米以上手持匕首的“幽灵”出现了，工人们吓得拔腿就跑。

据曾进入过这幢屋子的人说，这所屋子已建造了几十年，当时的主人据说在屋里藏了大量的珠宝。后来主人死了，珠宝究竟藏在哪里，没有一个人知道，进去过的人只知道这幢屋子的墙上装着许多大镜子。

有个记者对此很感兴趣，曾打着手电筒进入屋子，但他始终未见到“幽灵”。而有一次，他什么也没带，进入漆黑的客厅后，不一会儿，只听见凄厉的叫声传来，接着身上冒着蓝白色火光的“幽灵”便出现了。

记者胆子特别大，竟向“幽灵”冲过去，但是“幽灵”却消失了。黑暗中，记者的头被什么东西打了一下，又好像听见什么东西移动的声音。记者感到很奇怪，觉得其中可能有诈，于是请来了善破案的加尼亚侦探。

加尼亚侦探像记者一样在漆黑的客厅里等待“幽灵”出现。果然像以前一样，“幽灵”手持匕首在火光中出现了。加尼亚侦探盯着“幽灵”细看，看到好像是一个身着宽大衣服的高个儿男子。再细瞧，加尼亚侦探突然明白了，他猛地抓起身边的一把椅子朝前砸去。只听见一阵玻璃破碎的声音，“幽灵”随即不见了。

加尼亚侦探从屋里出来，马上与警方联系，警察包围了古屋……不久，事情便真相大白了。请问，你知道这“幽灵”是怎么回事吗?

7.张丽的根据

一天，12岁的张丽在家玩。爸爸妈妈有事出去了，家里就剩她一个人。突然门铃响了，小张丽打开内门看到一个穿着警服、目光锐利的人。

“您是……”张丽疑惑地问。

“你是张丽吧，我是你爸爸的一个同事。”来人脸上的表情很亲切。

“噢，对不起，我想我不认识您。”张丽本想打开铁栅子门让这个人进屋，隔门说话不太礼貌。但最终她没有那样做。

“您有什么事吗？我爸爸不在家。”

“说来不好意思，我到这一街区办事，突然想起你爸爸住在这一带，就上来看看他。我是一个警察。说着那人掏出一张名片递给张丽说：“这是我的名片，我绝对不是坏人。”

张丽接过名片，看到上面印着：城西公安局刑警×××。凭着在法制夏令营里学到的知识，张丽马上判断出这人是个骗子。

你知道张丽是根据什么吗？

8.赝品香炉

一天，公安局刑侦科小王和小李去古玩市场蹲点。因为不久前市文物馆一个珍贵的唐代香炉被盗，盗贼很可能把香炉拿到古玩市场去卖。

古玩市场很热闹，南来北往的生意人、古玩爱好者以及游客把每个铺子挤满了。小王和小李假扮成生意人到处询问有没有唐代香炉出售。

他们来到一个古玩商铺里，用同样一个问题询问老板。只见老板小声地说："两位客人，你们真是来得巧，我这刚好有一个才得手的唐代香炉。"小王和小李对视了一下，马上要求看一看。老板于是把他们带进里屋，然后小心地拿出了香炉。小李接过香炉仔细端详着：香炉做工精细，光彩照人，和丢失的香炉一模一样。小李激动地说："总算找到它了。"小王把香炉翻过来，看到底部一行小字："公元八百二十年制"。突然他上前一把抓住老板的脖领说："这香炉是赝品，你是从哪里得到它的？"

小王是怎么看出来的呢？

9.狡猾的杰克

由于生意失败，杰克和米勒不仅把几年的积蓄全亏光了，而且还欠下了巨额债务。现在他们住在一间又破又黑的小窝棚里，每天还会有一大堆的债主在后面追。

杰克再也无法忍受这样的生活，决定铤而走险。杰克决定抢劫保险公司每天下午5点准时开出的运钞车，然后再带着钱远走高飞。他拉米勒一起干，答应事成以后分给他一半的赃款，米勒考虑再三，最终同意了杰克的方案。

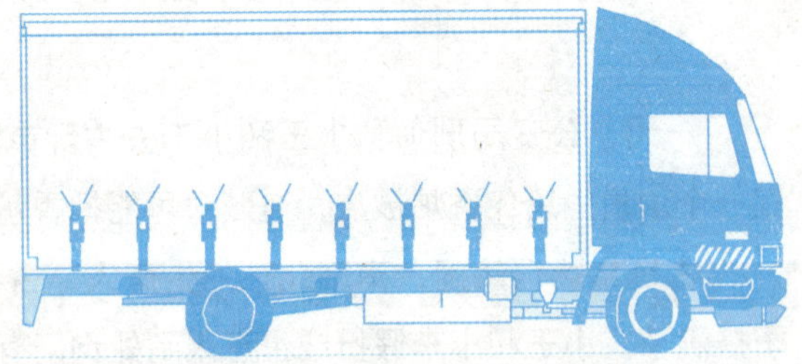

在运钞车经过的路途中，有一段是两个街区的交界地段，不仅行人稀少，而且很少有巡警出现。杰克和米勒决定在这

里下手。

这天下午5点后，运钞车和往常一样从远处缓缓驶来，在转过街角的时候，司机才猛然发现前面有块巨大无比的石头！刹车已经来不及了，运钞车狠狠地撞到石头上而停了下来。

与此同时，杰克和米勒举着手枪冲了上去，逼迫两名押运的保安趴在地上。接着，他们一人扛起一袋钱，跳上早就准备好的摩托车，风一般地溜走了。

不料，身后忽然响起了一阵警笛声，原来刚巧有巡警路过，看到撞坏的运钞车，立刻开足马力追了上来。杰克和米勒拼命踩油门，甩掉了巡警开的那辆老式警车。巡警立刻通知其他巡警封锁所有公路出口，看来杰克和米勒是插翅难逃了。

杰克也想到了这一点，他和米勒立刻丢弃摩托车，拐到乡村的农田里，接着往田埂上逃窜。这时，他们发现一座空无一人的农舍，农舍外有口很深的古井，杰克忽然想到了一个办法。

他对米勒说："我们一直这样跑，终归是会要被抓住的，不如到农舍里去。我假装是农舍的主人，一会儿警察来的时候，你就用防水袋套住钱，含上根吸管，躲到水里去。要是我不幸被抓住，钱就全部归你。"

米勒有点犹豫："这样行吗？警察恐怕没有那么好愚弄吧，再说井水那么深——"

杰克打断了他的话："笨蛋，难道你想被抓住吗？井水深怕什么，我会给你一根很长的管子。"

听到远处隐约响起来的警笛声，米勒只好同意了。杰克把一根长3米、口径不足2厘米的管子交给米勒，帮他捆扎好钱放下井里，他自己却没有像他说的那样装扮成农舍的主人，而是到田地里躲藏起

来。

半小时后，警察开始搜查这座村庄。虽然杰克隐蔽得很好，可是警犬还是凭借灵敏的嗅觉迅速找到了他。当警察把米勒打捞上来的时候，发现他早就死了。

探长询问了米勒躲到井下的前后经过，对杰克说道："你真是心狠手辣啊，为了独吞钱财而杀了他！现在，除了抢劫，你又添了一项故意杀人的罪名！"

聪明的小朋友，你们知道警探为什么这么说吗？米勒好好地待在井底，为什么说是杰克杀了他呢？

10.有人来过

凯乐是名优秀的特工，因此他也被敌方的情报部门视为眼中钉。他曾经遭受到多次的暗杀，可他凭着机智勇敢，一次次地躲过了这些危险。这次，敌国情报部门得知凯乐在海边度假，就派出本国最出色的暗杀者列托夫谋杀凯乐。

列托夫没费多少力气就找到了凯乐。在跟踪了三天后，列托夫搬到了凯乐住的酒店，在凯乐房间的对面住了下来，而且他决定晚上动手。

列托夫在自己的手枪上装好消音器，在傍晚时候，他用万能钥匙打开凯乐的房门，溜进了房间。他看了看表，距离凯乐回来还有大约1个小时时间，便打开床头灯，搜索房间里的物品。搜索了一会儿，没有发现什么有价值的东西，列托夫便把灯关了，静静地等凯乐回来。

15分钟后，外面传来了凯乐开门的声音。听走路的声音好像有点立足不稳，像是喝醉了似的。走进走廊的时候，凯乐好像稍微迟疑了一下，接着，列托夫看到一个黑影扑进卧室，他立刻开枪，准确地击中了那个黑影。

正当列托夫以为大功告成的时候，忽然，他又听到一声枪响，然后一阵剧痛让他倒在了地上。凯乐打开灯走了过来，微笑地说："对不起，刚才进来的是我的衣服——我一进门就知道有客人来过了。"

列托夫痛苦地低下头，他呻吟着问道："为什么……为什么你知道有人来过？"

凯乐拿起床头的闹钟晃了晃说道："你很不走运，如果不开灯的话，现在倒下的人就是我了。"聪明的小朋友，你知道凯乐是怎么知道有人来过的吗？

11.凶手的指纹

露丝不但文章写得好，更能为精彩的文字配上美丽的插图。于是她的书大受欢迎，连续5个月排在畅销书榜第一位。可是因为出版商用很低廉的价格买下了版权，她只得眼睁睁看着自己的书热卖，而出版商则大把大把地赚钱。

这天，警察局汤姆斯局长告诉她，版权代理人玛莉小姐两天前在公寓被害，凶残的凶手对准她连开了10枪。根据调查，当天晚上和玛莉接触过的人只有露丝、印刷厂负责人卡罗和玛莉的前夫刘易斯，于是警方把他们都请到警察局来协助调查。

露丝听到发生这样的惨剧，吓得哭了起来。她告诉汤姆斯局长，当天晚上8点左右她去过玛莉那里，两人讨论了重新签订版税合同的事情，玛莉还倒了一杯冰镇的松仁露给她喝，大约5分钟后她就离开了。

卡罗则挥动着有力的手，显得很激动，强调自己也是完全无辜的。他当天8点左右去过玛莉家里，准备向玛莉讨回其所欠印刷厂的费用，可是玛莉只礼貌性地给他倒了杯冰镇苏打水，根本不谈还钱的事情。他一怒之下就骂骂咧咧地离开了，并说楼下看门的老头能证明这一点。

刘易斯虽然因为财产问题和玛莉离婚，可是离婚后他们还是好朋友。听到玛莉被害的消息后，刘易斯悲痛欲绝。他回忆说，那天晚上玛莉的情绪很不好，他喝了杯白开水，安慰了她几句就离开了，想不到竟然发生了这样的悲剧。说到这里，刘易斯难过地痛哭起来。

汤姆斯局长看着眼前这三个都可能是凶手的人，无法作出判断。一方面他们都没有足够的杀人动机，另一方面现场没有留下任何线索，凶手连弹壳都收走了，就连使用过的玻璃杯上，都只有玛莉小姐一个人的指纹，这些指纹虽然非常清晰，可对案件并没有多大帮助。

汤姆斯局长只好求助于波洛侦探。波洛听完后，沉思了一会儿问道："案发那天晚上，我记得很热，大概有37摄氏度，是吗？"

汤姆斯局长一回忆，确实是这样。波洛接着又问道："杯子上被害人的指纹十分清晰吗？如果是这样的话，凶手就找到了。"汤姆斯局长有些莫名其妙：就凭这就能认定罪犯吗？

聪明的小朋友，你知道罪犯是谁，波洛又是怎么样找到罪犯的吗？

12.猫头鹰的尸体

夏季的一天下午，著名昆虫学家法布尔正在院子里观察蚂蚁的生活环境。巴罗警长走了进来。他摘下帽子擦着汗说：“法布尔先生，你知道吗？大财主格罗得先生把他那只心爱的猫头鹰杀了，并且剖开了腹部。”

“昨天晚上，格罗得先生家里来了一个巴黎客人，他叫巴塞德，也是位钱币收藏家，是来给他鉴赏几枚日本古钱的。正当他们在书房互相谈论自己的珍藏品，相互鉴赏的时候，巴塞德发现带来的日本古钱丢了3枚。”警长接着说。

“是被人盗走了吧？”

“不是的，书房里只有他们二人，肯定是格罗得先生偷的，巴塞德当时也是这么认为的。但追问格罗得时，格罗得却当场脱光了衣服，让巴塞德随便检查。格罗得没有搜到钱币，在书房内搜个遍也没有找到。”这位警长仿佛自己当时在场一样绘声绘色地说着，法布尔仍在埋头观察蚂蚁的队列。

“格罗得偷他古钱的时候，巴塞德没看见吗？”

“没有。他正在用放大镜一个一个地欣赏着格罗得的收藏品，一点儿没有察觉。不过，那期间格罗得一步也未离开自己的书房，更没有打开过窗户，所以，偷去的古钱不会藏到外面去。”

“那么，当时他在干什么？”

“据说是在鸟笼前喂猫头鹰吃肉。”

“那古钱究竟有多大？”法布尔先生走到警长跟前坐了下来，看上去他对这个案件也产生了兴趣。

“长3厘米，宽2厘米，共3枚。再能吃的猫头鹰，也不可能把这种东西吃进肚里吧。但是，巴塞德总觉得猫头鹰可疑，一定

是它吞了古钱。主张剖腹查看，而格罗得却反问，如果杀掉还找不到古钱又怎么办？能让猫头鹰再复活吗？”

“这可麻烦了。”

“被他这么一说，倒使巴塞德为难了，当夜就没再说什么，上二楼客房休息了。谁知今天早晨一起床，格罗得就将那只猫头鹰杀掉并剖开了腹部。”

“可是，连古钱的影子也没见到。”警长接着又说了下去。

“那么，是不是深夜里换了一只猫头鹰啊？”

“不，是同一只猫头鹰。巴塞德也很精明，临睡前，为了不被格罗得掉包，他悄悄地在猫头鹰身上剪短了几根羽毛。并且在今天早晨还对照检查过，认定了没错。”

“真是细心呀。”

“如果猫头鹰没有吞食，那么，三枚古钱到底还会掉到哪儿呢？又不能认为在猫头鹰肚子里溶化，真是不可思议。巴塞德也无可奈何，最终还是报了案。所以，刚才我去格罗得的住宅勘查时，也看到了猫头鹰的尸体。”

“先生，你对这个案件是怎么想的？”警长接着说。

法布尔慢慢站起身来说：“回答很简单，格罗得巧妙地藏了古钱。”

“可是他藏在哪里呢？”警长疑惑地问。

聪明的小朋友，你知道法布尔是如何推断古钱藏在哪里的吗？

13.聪明的“服务生”

欧文是位小有名气的私家侦探。这天，他收到一张从警察局寄来的光盘。原来，警察局曾在本市发现了一名与正在通缉的诈骗犯长得十分相像的女人，这女人近来似乎与某个黑社会集团接上了头，警察局需要欧文帮忙获得她的指纹来加以证实。

因为侦探跟踪她已经有3个多月了，却始终没能取到她的指纹。就连一些指纹鉴定专家们也产生了怀疑，难道真的存在没有指纹的人吗？但是在通缉犯的指纹档案中，又确实存有这名女诈骗犯的指纹。

欧文很快就捕捉到了目标，并且这次机会不错，那个女人进了一家酒吧。欧文也跟了进去。他找了一个不起眼的角落坐下，正好可以看到坐在柜台边的那个女人。

欧文自始至终一直注视着她的那双手。那个女人喝完了那杯酒，放下杯子站起身来朝门外走去。欧文赶忙走到女人刚才坐过的桌子边，趁别人都没有注意，用手帕将那个女人刚才用过的玻璃杯包好，揣进怀里，然后冲出门去想继续跟踪那个女人。

由于欧文刚才用手帕包酒杯时耽误了时间，女人出了酒吧后就招手叫了一辆出租汽车，已经走得无影无踪了。

欧文到了警察局，将他所得到的“战利品”放在了指纹鉴定专家的面前。专家立即拿去鉴定，但是结果仍然使所有的人都很失望，因为虽然玻璃杯上是留下了指纹，却没有那个女人的。

欧文从警局里出来，在底楼大厅里，有几个漂亮的小姐正在推销一种无色指甲油。欧文忽然想起那漂亮女人的手。顿时恍然大悟，他匆匆向警局走去。

几天后，化名为汤姆的欧文一身服务生打扮出现在了一家旅馆，也就是那个女人住的旅馆。

“服务生，我正在洗澡，但好像喷头坏了，你能给我看一下吗？”嫌疑犯柔声对欧文说道。

欧文随着那女人进了房间，三下两下就把喷头修好了。

“啊，谢谢！”那女人递过10美元的小费。欧文接过钞票，用服务生应有的口气说道：“没什么，小姐，有事再找我，晚安！”

从那女人的房间出来，欧文小心地将那10美元的钞票塞进一个小袋中，然后交给另一个扮成服务生的警察。

经鉴定，钞票上果然留有那个女人的指纹，与资料上的指纹丝毫不差，警方立刻逮捕了那个女人。

事后，警察局局长问欧文：“为什么你一定要扮作服务生才能搞到指纹？”

请问，你知道欧文会告诉上司什么吗？

14.聪明的特工

特工霍金成功窃取了贩毒集团的情报，可是在逃跑的时候被一颗突如其来的子弹打中了，蜂拥而来的毒贩牢牢抓住了他。

现在的霍金被关在阴暗潮湿的地牢里，中弹的左臂疼痛欲裂。难道他就要死在这里吗？要知道，明天天亮的时候，贩毒集团的老板就会回来，他屡次栽在霍金手里，这次他一定会亲手杀死霍金的。

这时，看守地牢的小胡子男人说："霍金，我不能帮你逃走，但是你可以自己逃。出去以后，往北8公里就是市镇，那里有警察局。"说完，他从窗外扔进来一根钢锯。

"为什么帮我？"霍金又惊又喜。

小胡子叹了口气说道："我本来是个安分的渔夫，被他们用枪指着头拉来贩毒。我故意拖拖拉拉，他们就让我来守地牢。算了，不多说了，你动作要快点，我3个小时以后换班。"

小胡子走后，霍金对准地牢铁栏，飞快地锯起来，不一会儿，两根铁栏就被锯断了。他强忍剧痛，弯腰钻出铁栏，沿地牢后门溜出了贩毒分子的营地。一路狂奔。不知道跑了多久，他才气喘吁吁地停了下来。

这时他发现自己在一片茂密树枝互相缠绕的原始森林里，一丝阳光也看不到。那么，哪里才是北面呢？要是找不到北面，他最终还是会饿死在丛林里。

怎么办？霍金把浑身上下搜了几遍，也找不到一样能够指示方位的东西。口袋里只有一根回形针、一个打火机、一块丝织手巾，这些东西根本帮不上什么忙。

忽然，霍金看到地上有一摊积水，他灵机一动，马上用手上的东西制作了一个简易指南针，找到了方向，逃出了丛林。

聪明的小朋友，你知道这个救命的指南针是怎么做出来的吗？

15.凶手的血型

昨天晚上，传媒大亨约翰的大儿子布路斯彻夜未归。今天清晨，布路斯的尸体在某高尔夫俱乐部的更衣室里被找到。凶手在作案的时候，健壮的布路斯曾经激烈反抗过，所以凶手也受了伤。

经过警方的鉴定发现，布路斯衣服上留下的血迹中，不仅有他自己的A型血，还有另一种AB型血。这很可能就是凶手留下的，那么，凶手到底是谁呢?

警方在调查中发现，布路斯的弟弟库克斯正为争夺父亲公司总裁的位置和他闹得不可开交，而库克斯在案发的当天便神秘失踪了，他的血型无法确定。

另外，布路斯的夫人安娜是B型血，因此虽然更衣室里发现了她的指纹，但可以排除她作案的可能。值得注意的是，安娜的哥哥弗吉在案发第二天也消失了，所以他的血型也无法确定下来。经多方推理论证，案件所有涉及的人员就只有这些。

探长觉得案件非常棘手，所以便去请教尼克侦探。尼克仔细听完了整个案件的所有细节，坐在摇椅上沉思起来。忽然，他抬头问：“有没有弄清约翰是什么血型？还有约翰的夫人？”

“这倒是没有。”探长挠挠头说，“可这和他们有什么关系呢？他们总不至于杀死自己的孩子吧？”

尼克胸有成竹地说道：“事情已经很明显了，去询问一下约翰和他夫人的血型，我们就能确切地判断出凶手到底是谁。”

探长猛然明白了尼克的意思，他紧紧握住尼克的手说：“我明白了，不愧是大侦探，真厉害！”

探长回到警察局以后，立刻查验了约翰和他夫人的血型。经过法医鉴定，约翰是O型血，而他夫人是AB型血。

聪明的小朋友，现在你能够凭借自己的知识，判断出谁是凶手吗？

16.逃跑的路

一天，刑警小王骑着自行车去郊外运动场。突然，他看到路旁有个女人，浑身是血，躺在那儿，腹部挨了一刀，看来伤得很重了。

小王掏出随身的手巾帮她止血，可怜的女人伤得不轻。小王问她发生了什么事。原来她是被人抢劫了，歹徒在慌乱中刺了女人一刀，并且骑着她的自行车跑了。此时刚好有两个人路过，小王就请他们代为照顾一下并且报警，自己骑上自行车，顺着她所指的方向寻找线索。

到了三岔路口，有左右两条路。这两条路都曾施过工，地上到处是泥沙。小王看到，这两条路上都有自行车的车轮痕迹。

“到底罪犯是沿哪条路逃走的呢？”小王仔细思考了片刻，又看了看面前的两条路，只见这两条路都是微微向上的。他又详细地比较了两部自行车的车轮痕迹。“右侧道路的痕迹前轮和后轮大致相同，而左侧的道路，前轮的痕迹比后轮浅。哦，我知道了。”小王飞速地追了下去。你知道小王是如何判断该从哪条路去追的吗？

17.反败为胜的“蚂蚁案”

一年秋天，上海一家皮革厂的一批产品从上海发货，从海上运到日本东京。当东京的客户打开包装的启封时，竟然发现崭新的衣服里面黑压压的蚂蚁成群，装衣服的盒子变成了蚂蚁窝！

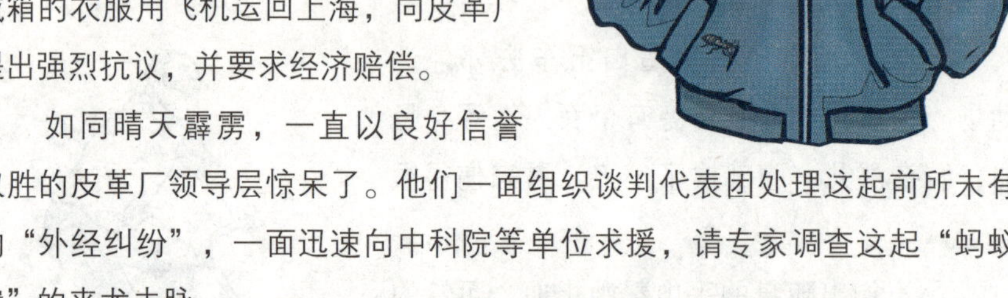

这还得了！日方老板大怒之下，把成箱的衣服用飞机运回上海，向皮革厂提出强烈抗议，并要求经济赔偿。

如同晴天霹雳，一直以良好信誉取胜的皮革厂领导层惊呆了。他们一面组织谈判代表团处理这起前所未有的“外经纠纷”，一面迅速向中科院等单位求援，请专家调查这起“蚂蚁案”的来龙去脉。

中科院推荐了丁楷先生这位从事蚂蚁研究50年的专家。丁先生问明了皮革厂的地址，查看了从那批皮革里抓来的“样品”，并组织了两名教授进行“攻关”。结果，丁先生拿出的证据使厂家反败为胜。

请问，你知道他的证据是什么吗?

18.古堡疑案

在印度，只要一提起浩瀚的塔尔沙漠中那座高大而神秘的古堡，人们就不寒而栗。近几年来，凡过路商人和马队夜宿古堡的，都一个个送掉了性命，连骡马都没能幸免。到底古堡里的杀人凶手是谁？用的是什么凶器？一直没有人知道。

当局调来的全印度最有名气的侦探和警察，也于入住的当夜死在古堡大厅里。经高明的法医验尸，很难找到致死的痕迹。当局无奈，只好在古堡大门口贴下告示：“过往行人一律不准在夜间留宿。”

后来，英国著名探险家托桑来到古堡，一心想探明究竟，探险队员全都荷枪实弹地进入古堡。待天亮警察赶来时，托桑和他的人马已全部遇难，印度警方继而发出紧急布告：

凡能破古堡疑案者，赏金一万卢比。

但布告发出后迟迟无人问津。一年后的一天，终于来了个白发银须、衣衫褴褛的乞丐，自称弗理加尔，他郑重地提出能破此案。警察局局长半信半疑，只得吩咐刑侦科长：“派人盯着这个怪老头，看他搞什么鬼名堂。”

刑侦人员发现那个老头买了一个大铁箱、一只猴子和一副渔网，这使经验丰富的警察局局长百思不得其解。

夜幕渐渐降临，弗理加尔驾驶马车奔进那座令人望而生畏的神秘古堡，只觉眼前漆黑一片，里面死一般寂静。老乞丐摸进古堡的大厅，他先给猴子注射了麻醉药，并将它放进渔网里。然后自己钻进铁箱，牢牢地抓住渔网的网绳。

请问，老乞丐这样做到底是为什么呢?

19.流水作证

这天早上，著名特工杰米泡在夏威夷的哥纽伦酒店的浴缸里，在温水中边洗边思考问题。洗完后，他拔掉浴缸里的橡木塞，看着带着蒸汽的水由左向右打着旋涡缓缓下降。

“真有意思！”杰米笑着说。杰米穿上米黄色的大衣、戴上便帽准备出门，这时门外传来了敲门声。

“谁呀？”杰米问道。

“是我，埃理。”门外的人说道。埃理是当地最有名的家具店的老板，可是杰米和他没什么来往，他怎么会不请自来呢？杰米带着疑惑打开了门，却看到一个满脸大胡子的男人，手持长柄猎枪，一脸阴沉地说：“跟我们走一趟吧！”

在杰米犹豫的一瞬间，大胡子身后忽然蹿出来两个黑衣男人，他们飞快地绕到杰米旁边，一人捂住杰米的嘴，并给他套上头套，另一个则用手铐铐住他的手，不到30秒钟，杰米就完全无法动弹了。

这些人把杰米迅速抬到一辆汽车上。在以后的好几天里，杰米什么都看不到，只能隐约听到车辆行驶的声音。接着，他好像上了船，在海上航行了很久，然后又下了船，重新开始坐汽车。

目的地终于到了，杰米被关到一个灯光刺眼、铁门密闭的没有窗子的房间。铁门上的喇叭里传来一阵刺耳的声音：“亲爱的杰米，你耐心在这里等着吧。我们组织的首领被你们抓起来了，现在我们要拿你去换他。”

杰米怒吼起来。可任凭他怎么发火，喇叭里都没有一点回音。

杰米开始清点自己的装备：身上所

有的东西都被拿走了，只有鞋子还在，鞋跟上一个微型通信器能够让他联络到总部，可是自己现在身处哪里呢?

杰米仔细分析，绑架他的人只可能来自加拿大或者新西兰，要是能确定方位该多好啊！他环顾四周，一点光线都没有，更别说弄清楚自己身在何处了。百般无奈，他只好先走进浴室，想好好泡个澡。

泡在浴缸里的时候，杰米好像忽然想到了什么，他拔开浴缸塞子，看到水流开始以从右向左、呈逆时针方向的旋涡下降，不由咧嘴笑了起来，因为，他现在知道自己身在何处了！

聪明的小朋友，你知道杰米是如何判断出来的吗?

20.电话爆炸案

一天下午，在英国首都伦敦的一条街上，有座房子忽然爆炸起火。警察和消防队员赶到现场，及时扑灭了大火。

经勘查，这场火灾是煤气爆炸引起的，在现场发现了一具老人的尸体，他是在卧室中被发现的。经过解剖，他的健康状况良好，但在煤气爆炸前服用过安眠药。

在他卧室中，有煤气管漏气的现象。让警方调查人员百思不解的是，煤气为什么会爆炸？引起煤气爆炸的火头是从哪里来的?

在爆炸之前，这个地区停电了。不可能因漏电而起火。警方怀疑被害人的外甥有作案可能。理由是被害人有大量的宝石和股票，都存在银行里，他立下遗嘱，全归外甥继承。老人的外甥也许是想早日继承这笔遗产，而老人却很健康，所以才下了毒手。

而在这房子爆炸前后，他都不在现场，他是在离现场10公里远的一家饭店里。服务员还证明，他在饭店里还打过电话，也就是说，老人的外甥不可能是作案者。那么，谁是作案者呢?

警方不得不将几位专家请来破案。其中有电话发明者贝尔。负责破案的警察局局长向各位专家介绍完案情，贝尔先生站起来说：“肯定是他的外甥利用电话作的案！”

21.完美的自杀

在纽约郊区，有一座破旧的公寓。公寓里住的都是一些靠救济金生活的可怜老人。冬日的一天，管理员发现一个多星期没看到3楼的乔泰里特了。乔泰里特是一位退伍老兵，在第二次世界大战中被炮弹炸断了左腿，子女又都失业了，只好独自住在这座破公寓里。

管理员于是来到3楼，敲了几下门，但房间里没有一点反应。门从里面反锁住了，管理员用钥匙也无法打开。管理员便报了警。

等到警方赶来，用工具砸开房门后，人们便看到里面恐怖的一幕。乔泰里特被一根绳子直挺挺地吊在屋子中间，已经去世很多天了，屋子里净是令人窒息的难闻味道，窗子也关得紧紧的，只有换气风扇在不紧不慢地转动，发出单调且刺耳的声音。

警方随即展开了调查。他们发现乔泰里特距离地面有1米，而且身下没有任何用来垫或踩的物品，只有一条腿的老兵是无论如何也不能凭空跃起1米高的，地上也没有潮湿的痕迹，说明没有用冰块一类的物品做垫脚。

警方断定这是一起谋杀案。可据大楼管理员和其他老人的回忆，最近没有人来找过老乔泰里特，况且门是反锁的，窗子也关得紧紧的，如果是他杀的话，凶手怎么逃离现场呢?

负责调查的警官查了半天，也没有找到任何线索，他不由感叹道："这真是一起超完美谋杀案啊!"

"我觉得老乔泰里特是自杀的。"赶来察看现场的探长听到警官的感叹，忍不住说道，"我刚才调查过，乔泰里特在死前两个月为自己投了巨额保险，他如果被谋杀，保险公司就要向他的遗产继承人赔付200万美金的保费。"

"可是，他是如何自杀的呢?"警官反驳道，"他只有一条腿，是无法够到离地近3米高的绳圈的。"

探长没有说话，只是仔细地搜查了房间。他在废纸篓里找到一张被揉得皱巴巴的纸团，展开一看，是一张化学品商店出具的收据，再看到转动的风扇，他立刻明白了老乔泰里特的良苦用心——他想用自己的死换取子女们更好的生活。

22.沙漏的秘密

杰姆斯是著名的开锁大盗，在他看来，没有打不开的保险箱，而打开最新式的保险箱则是件最具挑战、最刺激的事情，只有在开锁时，他散乱的思绪才会高度集中到一个点上。

这天，杰姆斯在街上闲逛，忽然听到身后有人叫他。他回头一看，原来是警察局的詹姆探长。

“我已经洗手不干啦。”杰姆斯冲探长挥挥手说道，“我现在可是个老实的生意人。”

探长摇摇头说：“今天我可是来花钱请你去开保险箱的，怎么样？”

杰姆斯疑惑地看着探长。詹姆接着说：“是这样的，皇室定做了三个用来放机密文件的保险箱。做保险箱的人夸口，说只要有谁在半小时内打开这三个保险箱，就愿意付给他3万英镑。刚好，出来就碰上你了，这方面你是老手啦，3万英镑的酬金可不少哦！”

想到那3万英镑，杰姆斯有些动心了，他对自己的开锁技艺绝对自信，出道以来，他还没有碰到过10分钟内打不开的保险箱，绝大多数看起来十分坚固的保险箱，他只要花一两分钟就可以轻松搞定。更重要的是，他很想看看最新的保险箱究竟是什么模样，于是，他和詹姆探长一起来到了警察局。

三个用特种钢材铸造的，闪烁着金属光泽的保险箱整齐地排列在办公室中央，精密的锁加上智能密码，看起来完全没有破绽。

杰姆斯在壁炉旁暖了暖手，立刻开始动手，厂商代表则用一只有机玻璃沙漏开始计时。杰姆斯在开第一个保险箱时遇到了麻烦，他足足花了15分钟，尝试了20种不同的方

法，直到第21种方法才把保险箱打开。由于有了经验，第二个箱子只花去他7分钟时间。这时，厂商代表示意他暂停。

“我请你停下的原因，是告诉你酬金就在第三个保险箱里。”他阴阳怪气地说，“现在，开始最后一次冲击吧，你还剩下8分钟。”接着，他把沙漏挪到了壁炉旁边，开始重新计时。

杰姆斯通过刚才两次经验，他对这种保险箱已经了如指掌。他顺利地解开密码，打开第三个保险箱，看到了里面厚厚的现金。

“亲爱的杰姆斯，我很佩服你，可是你超时了。”厂商代表说道。杰姆斯回头一看，沙漏的刻度上显示为9分钟！他完全不敢相信自己的眼睛！

忽然，杰姆斯灵机一动，明白了沙漏走快的原因，他大声对厂商代表说：“我已经知道是你动了手脚了，酬金还是我的！”

厂商代表听说后，顿时面如土色，只好把酬金付给杰姆斯。聪明的小朋友，你知道他动了什么手脚吗?

23.鞋印

伦敦郊外有一所专门关押死刑犯的监狱，那里守卫严密，被押到那里的犯人一般都是最凶残的歹徒。

这天，波洛来到监狱看望当监狱长的好朋友加森，当他经过阴森狭长的走廊时，忽然听到有人大声叫唤：“放我出去，我是无辜的，我没有杀人！”

顺着声音，波洛发现一个相貌清秀的金发青年眼睛布满血丝，声音嘶哑，正拼命捶打着牢门。

“这是怎么回事？”波洛问道。

“吉恩，杀人犯。”加森简单地回答，“他杀了两名在森林公园里巡逻的警察，结果被捉住了，这么严重的罪行，当然被判了死刑。”

波洛说道：“可是他说他是无辜的，看上去他也不像杀人犯。”

加森笑了起来：“我的大侦探，到这里的人有一半说自己是无辜的，有四分之一的人看上去不像小说里的标准坏蛋。”

波洛还是觉得有点不对，因为到了死刑监狱还坚持声称自己是清白的，其中一定有问题。他提出应该仔细核对一下吉恩的卷宗，加森拗不过，只好把吉恩的卷宗拿来。

根据卷宗的记载，3个月前森林公园里发生了一起惨案，在一个雨夜，两名巡警被人袭击，他们的尸体在第二天才被发现，当时已经天晴了。大雨清除了凶手留下的所有证据，警方在现场只找到一个陷在泥土里的鞋印。

警方立刻搜查了整个森林公园，在1平方公里以内，只有吉恩一个人声称自己是被大雨困住了。警方马上把吉恩的鞋子和取得的鞋印石膏模型作对比，发现完全吻合。

虽然这种款式的鞋子有很多人穿，但是大小完全相同、又出现在犯罪现场的可能性非常小。因此，吉恩被逮捕，而法院也判他死刑，再过一星期就要执行了。

加森看完以后说道：“事情很清楚，现场只有他一个人，鞋印又完全吻合，他也没有不在场的证据，这个案件没什么疑问。”

波洛气愤地站起来说道：“恰恰相反，这些糊涂警察！难道他们没有一点常识吗？他们的关键证据——鞋印，其实只能证明吉恩是清白的！”

你是否也为波洛的结论感到惊讶？为什么鞋印其实能够证明吉恩的清白呢？

24.伪造的田契

一日，乾隆皇帝和几个侍从下江南。他们来到一个村子，只见一群人围在一起吵吵闹闹的。乾隆上前一看，原来是一个叫刘洪和王庆的人在吵架，刘洪说王庆把他的田卖给他了，而王庆抵死不承认。

乾隆问道："休得喧闹，刘洪，你说王庆一年前就将地卖给你，可有证据？"刘洪忙说："当然有。"

"那你拿出来给乡亲们看看，也好做个凭证。"

"拿就拿"，说完，刘洪从怀里拿出了一张田契。

"乡亲们，那完全是伪造的，我从未写什么卖田契约。"王庆赶紧喊冤道。

乾隆把手一摆，示意王庆不要吵闹。然后他仔细地看了看那张田契。沉吟半晌，突然"嘶啦"将田契一撕两半，笑道："这田契是假的。刘洪，你伪造田契，霸占别人土地，该当何罪？"

那么，乾隆是怎样判断田契是假的呢？

25.让电梯停下来

林大明今天很高兴，他从大学毕业来到公司当业务员没多久，凭着头脑清晰、工作勤奋，颇得上司赏识。这不，昨天他搞了一个大项目的计划书，被部长着实地夸奖了一番。

这不，今天一天，总裁就叫了他几次，都是询问计划书的问题。总裁的办公室在十层。林大明的办公室在二楼。而三部自动电梯有两部写着"故障修理"的字样。这样来来回回很麻烦，因为每层都有人要用电梯。

这已经是第四次去总裁的办公室了，林大明在电梯里想着：能不能把电梯留在十层了，每次到总裁的办公室都是三分钟的事。无意间，他的手触到了插在上衣口袋里的铅笔，一个绝妙的办法闪过脑际。他毫不费力地将电梯留在了十层。

你知道他是怎样做的吗?

26.最后的指纹

克姆正满意地在新居里走来走去，忽然门外传来了悦耳的门铃声，克姆打开房门，却看到了最不想看到的欧文斯。

欧文斯大声说：“老朋友，看来你过得不错啊！是用欠我的钱买下的漂亮新宅吧！三个月前你就应该还我的钱了呢?”

“欧文斯，你听我说。”克姆一下子慌了神，“这不能怪我，你知道的，股票下跌是谁也预测不到的……”

欧文斯愤怒地说：“克姆，我不跟你废话，两天内你必须把钱全部还给我！”

“我真的没钱……”克姆可怜巴巴地说。

欧文斯怒火中烧，站起来大声咒骂，“你这个骗子！”接着，欧文斯朝克姆猛扑过去，死死卡住了克姆的脖子。

克姆艰难地挣扎，两手在地上乱抓，他的呼吸越来越急促，反抗越来越无力，这时，他的左手碰到一个什么东西，根本来不及多想，克姆拿起来重重敲在欧文斯头上。欧文斯的手松开了，他摇晃两下，倒在地板上。

杀死欧文斯后，克姆马上把欧文斯的尸体拖到后院掩埋起来，然后擦拭干净所有的血迹，再认真清理了沙发、地板和欧文斯所有可能碰过的东西，不留下一个指纹。正当他做完这一切的时候，门外响起了急促的敲门声。

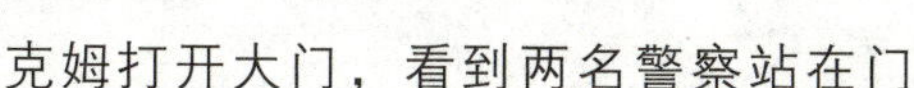

克姆打开大门，看到两名警察站在门外，一名警察说：“克姆先生，我是欧文斯的朋友，他上午和我说来你这里，如果下午还不回来就让我们来找你。他在里面吗？”

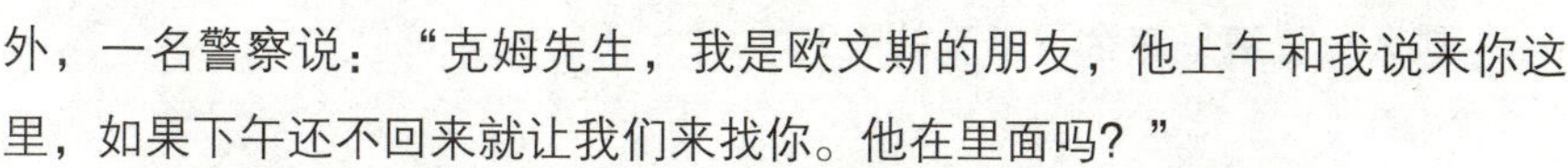

克姆强作镇定地回答：“欧文斯？他没有来过，根本没有。”

另一名警察笑了笑说：“就算你能擦掉他所有的指纹鞋印，还有一个指纹你是赖不掉的。告诉我们，你把他怎么样了？”

克姆顺着警察的眼光看过去，不由出了一身冷汗，这确实是一个没有想到的地方。聪明的小朋友，你知道欧文斯最后留下的指纹在哪里吗？

27.“英雄救美”的破绽

这天，波洛到公园散步。他正走着，忽然看见前面有两个年轻人正在扭打，其中的一个被对手在左胸打了一拳。

波洛走过去，拉开了两人。这时，旁边走过来一位姑娘关切地问那个挨了一拳的年轻人伤着没有。那被打了一拳的小伙子连说没事，并从衣服的左胸口袋里掏出一副眼镜戴上。

经过询问后，才搞清楚戴眼镜的年轻人在追求那个姑娘，这天好不容易才约到她。不想竟闯出一个人来调戏姑娘，年轻人便和他打了起来。

波洛见那人身强力壮，“眼镜”明显不是他的对手。

那人离去，波洛把“眼镜”叫了过来。他背对着姑娘，低声对“眼镜”说：“这种‘英雄救美人’的把戏可不能用，万一被姑娘发现可就弄巧成拙啦。”

“眼镜”的脸刷地一下红了。

那么，波洛是怎么看出来的呢?

28.碘酒破案

这天，大律师赛西邀请了12位好朋友一起庆祝他的50岁生日。波洛穿着黑色燕尾服，戴着礼帽，含着那个烟斗，来到了赛西的豪宅。

客人们陆续到达，随着乐队一首悠扬的乐曲，晚宴正式开始了。赛西身穿白色休闲西服出现在大伙面前，他举起手中的酒杯，感谢前来参加晚宴的好朋友。

“我亲爱的朋友们，今天真是太高兴了。”他说话的时候双颊泛红，但眼睛闪闪发亮，“我有一件珍藏了一个世纪的家族珍宝，愿意和大家分享！”

接着，赛西让管家到书房拿出一个木头箱子。箱子好像是檀木做的，非常沉重，上面还贴着封条。赛西揭开封条，取出一个丝绒小盒子，打开盒盖，一颗鸡蛋大小的祖母绿顿时出现在众人面前。

这颗宝石呈现出奇异的深绿色，通体透明，在灯光下折射出七彩的光芒，真是无价之宝！参加宴会的客人一齐啧啧赞叹起来。

“雷姆斯爵士来拜会您。”一个仆人跑进来说道。

听到雷姆斯爵士来访，赛西激动极了。他忙着把装祖母绿的小盒子放回木箱里，然后顺手拿起糨糊贴上封条，就急匆匆地出去迎接贵客去了。雷姆斯爵士发表了即席讲话，晚宴的气氛顿时达到了高潮。

听说赛西拥有罕见祖母绿宝石，雷姆斯爵士也很想看看。当赛西撕开还很潮湿的封条，打开小盒子，却不由吃了一惊，就在这一会儿的工夫，祖母绿竟然不见了！

在刚才出去的时候，木箱就放在桌子上，可以肯定地说，一定是哪位客人偷走了宝石。但是，参加晚宴的人都是很有声望的名流，总不能让他们都脱光衣服接受搜身吧？赛西顿时没了主意，只好求助地看着波洛。

波洛看了看封条上的糨糊，对客人们说道：“大家刚才都看到了，祖母绿确实漂亮。如果谁在和赛西先生开玩笑，请赶快把宝石拿出来；如果没人承认的话，我只需要一点碘酒，就能找出是谁在开这个天大的玩笑。”

波洛的话一说完，一个客人顿时面如土色，只好把祖母绿拿了出来。聪明的小朋友，你知道他为什么对碘酒那么害怕吗？

29.识破诡计

许多游客都喜欢到苏格兰来欣赏冬天，这里不但有冰天雪地的景致，而且还可以在滑雪场上尽情运动。

福尔摩斯和华生也离开了潮湿多雾的伦敦，来到滑雪场附近的朋友家里，白天滑雪，晚上看书，准备在这里度过一个惬意的冬天。

这天，福尔摩斯和华生到屋外散步，当转过一片小树丛的时候，忽然从树丛后面跳出来一个全身上下湿漉漉的黑衣男人。看到福尔摩斯和华生，他立刻大叫起来：“来人呀，有人落水了，快来帮忙救人呀！”

“怎么回事？”华生连忙跑过去，热心地问：“谁落水了？在哪里？”

那个男人抓住华生的手说：“我和朋友出来散步，我们从结冰的湖面上走过，一块薄冰忽然裂开，我的朋友掉了下去，天啊！我没有拉住他，随后我跳下水去，也没有找到他在哪里，只好跑来找人帮忙，我们快去救他吧！”

福尔摩斯和华生二话不说，立刻和那个男人一起向湖边跑去。他们穿过树丛，越过土丘，然后在冰面上艰难跋涉。看到那个男人的衣服都快结冰了，福尔摩斯连忙把自己的大衣脱下来给他穿上。

半小时以后，他们终于到达了发生事故的地方。由于大雪不止，破裂

的冰层上已经结了一层薄冰，经过了这么长时间，看来失足落水的人已经没有生还希望了。

“杰克，我的朋友，我来晚了！”那个男人扑倒在地，伤心地大哭起来。

福尔摩斯拉住他说：“省省吧，你这出戏倒是演得不错，可惜却碰上了我们。你虽然精心策划，但还是留下了破绽。”

华生有些不解地问道：“死者还没打捞上来，冰层破裂不像人工切割的样子，你怎么判断他的朋友是被害死的呢？”

福尔摩斯微笑着说：“不错，冰层的确是自然破裂的，但这并不能说明他的朋友是失足掉下去的。根据我的判断，很有可能是被他杀害以后，扔到水下去的！”

你知道大侦探为什么能识破杀人犯的诡计吗？凶手在哪里露出了马脚？

30.说谎的贵妇

每天都有成千上万的旅客通过伦敦火车站，然后去到英国各地。今天，波洛也在熙熙攘攘的人群中，他准备到曼彻斯特去度假。

“对不起，请让一让。”身后有人礼貌地说。波洛连忙让到一旁，只见一个身穿黑色长裙的贵妇，推着轮椅走了过来，轮椅上坐着一位老人，他蜷缩在轮椅里，表情十分僵硬。

“有什么需要帮忙的吗？”波洛询问道。

“谢谢，我想不用

了。”贵妇婉言谢绝，她叹了口气说道，“这是我的父亲，他偏瘫已经有一年多了，现在，我打算带他去曼彻斯特治病。”

波洛接着彬彬有礼地说：“曼彻斯特吗？正巧我也去那里，要不结伴同行吧，如有什么需要帮忙的地方，我一定效劳。”

贵妇婉言拒绝了波洛的好意。她推着轮椅，慢慢消失在人群中。看着她的背影，波洛忽然觉得有点不对劲，可到底哪里有问题，却又说不上。转眼开车的时间到了，火车已经呼啸着向站台驶来，波洛拿起行李准备上车。

突然，尖利的刹车声响彻车站，刹车片在铁轨上磨起阵阵火花，司机正竭力使火车停下来。可是，伴随着旁边乘客的尖叫，火车还是没能刹住，以飞快的速度撞上了出现在铁轨上的轮椅，那位可怜的老人当场死亡。

波洛赶过去的时候，刚才的那位黑衣贵妇已经哭得瘫坐在地上。她嘶哑地号哭，自责地拍打自己的脸，然后开始对火车司机怒骂。几位乘客试图安慰她，但是她的情绪始终无法平静。警察火速赶到后，一位年轻警员开始向她了解情况。

黑衣贵妇哭诉道：“刚才我好端端在等车，送我父亲到曼彻斯特治病。谁知道火车进站的时候，一股强大的气流向我吹过来，把我一下子向外吹，我一时站不稳，跌倒在地上。而我父亲的轮椅顿时失去控制，一下子冲下站台，卡在铁轨上！然后……都是这该死的站台设计，我要告这该死的火车站！”

“女士，很遗憾你说的是假话。”波洛在一旁冷冷地说，“不管你是因为遗产还是其他的原因下这样的毒手，你都不能逃脱法律的制裁。警察先生，你应该立刻拘捕她。”

聪明的小朋友，你知道波洛是怎样知道她在撒谎吗？

31.钻石不见了

埃森公爵的遗孀密藏一件稀世珍宝，那是一颗重达60克拉的大钻石。大盗库班因病卧床，于是叫来两名助手德娃和卡布，命令她们说："你们俩去给我偷来，这是考验你们是否顶用的时候，那颗钻石就藏在卧室的秘密保险柜里。"

"怎么打开保险柜呢？"

"保险柜上有相当复杂的密码锁，要是我去的话定会将锁打开，可对你们来说就不那么好对付了。所以不管用什么方法，只要打开保险柜的门就行。公爵夫人外出旅行了，现在那是一座空房。"

于是，两个助手带了氧气切割机和高压氧气瓶，溜进了那所房子。从卧室的墙上揭下一张油画便露出了保险柜。它虽然很小，但却是钢制的，又镶嵌在墙壁上，所以将保险柜搬走是不可能的。

于是两人操起氧气切割机干了起来。灼热的火焰很快将保险柜的门烧红了一大块，不久就像糖稀一样开始熔化。很快，保险柜门就被切割出一个大洞。德娃顺着洞往柜里一看，里面却什么也没有，只有一小堆灰。

"真怪，哪有什么钻石呀。"

卡布很吃惊，套上耐火手套伸进去一摸，里面果然是空的。两人像泄了气的皮球一样回到大盗那里。

"怎么，没有钻石？你们俩究竟怎么打开保险柜的？"大盗追问道。

"我们用的是氧气切割机，用它没什么大动静。"

"真是蠢货！再大的声响也不要紧呀，那是一座空房，为什么不用电钻？"大盗痛骂了两人一顿。

请问，那两个助手出了什么错？

32.鸵鸟走私案

W国为了庆祝建国50周年而举行了一系列盛大的庆典。除了鲜花、彩车、巡游外，动物园还特地从非洲订购了一批珍稀动物，还会免费巡展一星期。

这次从非洲运来的动物中，不仅有鸵鸟、大象、狮子这些大家都熟悉的动物，还有白犀牛、山地大猩猩等难得一见的珍贵品种。每天赶来参观的人络绎不绝，动物园里出现了从来没有过的热闹场面。

这天是最后一天免费开放的日子，当动物园的大铁门打开后，排在最前面的孩子们便欢快地叫起来，一窝蜂地朝前冲过去。

忽然，从人群中传来孩子惊恐的尖叫声，大人们连忙跑上来一看，也吓了一大跳，只见两只新运来的鸵鸟倒在血泊之中；更刺眼的是，凶手还残忍地剖开了鸵鸟的肚子。

警察火速赶到了现场，他们经过仔细检查，在一个不起眼的地方发现了被锯断的铁栏，地上还找到了麻醉枪的弹壳。凶手显然早有准备，他锯断栏杆，用麻醉枪制服鸵鸟，迅速作案并离开，没有留下任何指纹和有价值的线索。

警察局局长一边察看现场，一边忍不住咒骂："该死的凶手！为什么用这样凶残的手段来对付两只鸵鸟？"

一同赶来的华生点头说道："不错，你说到了点子上，为什么？"

警察局局长愣了一下："不知道。也许凶手是个心理变态吧？"

华生摇头说道："显然不是，凶手的目的并不是杀死鸵鸟，因为他使用了很专业的麻醉枪，他的目的是剖开鸵鸟的肚子！"

警察局局长有点糊涂了："可是他为什么要这么

做呢？你的意思是，这是一桩悬案？”

华生笑笑说：“不，凶手已经找到了，很可能就是运送动物的公司，这应该是一桩走私案。”

警察局局长更迷惑了，聪明的小朋友，你能为他解开心中的谜团吗？

33.转危为安

一天晚上11点，一架波音767大型客机正在由波士顿飞往西雅图的途中。这时大多数乘客都睡着了，只有少数乘客还醒着。而这班飞机的一个空姐却注意到，坐在20排B座的身穿黑色西服的秃顶的中年男人，显得非常焦虑。他不停地左右张望，又好像在犹豫什么。

空姐悄悄叫来机上的空警商量，他们越看越觉得可疑：飞机上的温度维持在舒适的25摄氏度，可这位乘客还捂着厚厚的毛衣和外套，难道他在隐藏什么东西？出于安全的考虑，空警走到他面前说道：“先生，需要帮忙吗？”

这个男人吃了一惊，结结巴巴地回答道：“不，算了，不，不要。”

他的表现更是加重了空警的怀疑，他加重了语气：“可以请您到机舱后面来一下吗？我们有事情需要您配合。”

那个男人一下子脸色变得惨

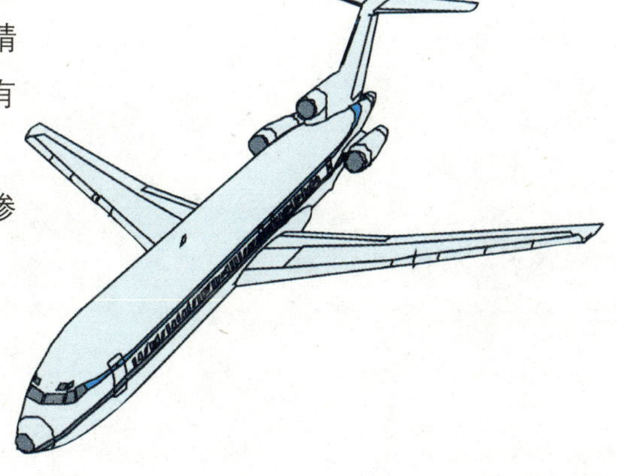

白，他缓缓站起身，忽然从腰间掏出一支手枪，叫道："举起手来，转过身去，不要靠近我，滚开，都滚开！"

就在空警按照持枪者要求转过身去的时候，坐在21排B座的一名小伙子趁持枪者不备，猛然勒住了他的脖子，一只手钳住手枪，空警迅速将手枪夺了过来。

就在空警向21排那位见义勇为的好青年道谢的时候，持枪男子冷冷地开口说话了："别高兴得太早，这注定是一班飞向地狱的班机。我早就在飞机机翼上绑上气压炸弹，只要飞机从万米高空下降到海拔2000米以下，炸弹就会把飞机炸成碎片！"

空警连忙跑到舷窗边一看，机翼下方果然有两枚黑色的炸弹！怎么办？在万米高空，根本无法拆除炸弹，而飞机不可能永远不降落，汽油终究是会耗尽的！难道只能束手待毙吗？空警忙将这个非常恐怖的情况告诉了机长，机长思索了一会儿，果断地掉转了航向。

一个小时后，飞机呼啸着降落在机场，全体人员安然无恙。持枪男子目瞪口呆，他实在想不通，灵敏的气压炸弹怎么会没有爆炸，聪明的小朋友，你能告诉他吗?

参考答案

第一章 逻辑推理篇

1. 数字里的秘密

探长说："当罪犯逼着汤生从后门出去时，汤生看见桌上的台历，飞快地在台历上记下了一串数字，但汤生怕被罪犯发现，没敢直接写上罪犯的名字，而是采用了数字代码。7、8、9、10 、11，这一串数字是什么意思呢？在英语里，7月、8月、9月、10月、11月的字头连起来正好是JASON，根据这条线索，我将逮捕Jason(加森)！"

探长逮捕了加森，并从加森家的地窖里找到了汤生先生。

2. 双胞胎

警探想，这个小伙子可能有一个孪生兄弟，找户口册一看，果然如此。因此，他们很快就抓获了凶手。

3. 赎金不见了

真正的歹徒是那辆出租车的司机，女郎只不过是他的从犯。女郎乘上出租车后，司机把黑皮箱里的100百万元现金拿出来后，再把空皮箱交给女郎，让她寄放到地铁车站的寄存处去。

4. 死亡状态

如果是跳车，那么尸体和两个旅行包应该距离很近，实际情况并不是这样，何况，当时火车上并没有警察要抓拉福特，他完全没有必要跳车。而且，从现场看，死者是头朝下着地的，跳车者一般不会采取这种姿势。这只能说明死者是被人抛下火车的，其他东西又陆续被抛下来。

5. 巧取赎金

60万美金并未被拿走，因为司机就是绑匪一伙的。他趁着黑夜挖坑时，将坑挖得很深。他先将旅行袋内的赎金埋起来，然后在上面放上空旅行袋再埋起来。警察和富翁绝对没有想到钱还在坑里。

6. 如何报案

非警探料事如神，而是有人报案。那女人其实是在打电话，她说"请稍等一下"，是对对方说的，她请打电话的人稍等一下，所以电话未挂。她的一声"救命"，对方当然听到了，于是立即报警，警探便立即赶来。

7. "畏罪自杀"的凶手

加姆莱克的会计事务所经营状况一旦好转，受益者还有合伙人库克斯。而且，若将绑架的罪名转嫁给加姆莱克再伪装其自杀，那么事务所就自然会落到库克斯一个人的手里。

加姆莱克的唾液里不分泌血液型物质。邮票上验出的A型血唾液不是加姆莱克的，而是库克斯的。他虽然知道加姆莱克和他一样都是A型血，却不知其中有异，于是他搞到加姆莱克碰过的邮票，再由自己舔后贴到恐吓信上。

加姆莱克有用舌头舔印花的习惯，库克斯事先在印花上抹上毒药，这样加姆莱克就会在不知不觉中中毒，然后库克斯再伪装成加姆莱克畏罪自杀的样子，以转移警察的视线。

8. 电梯“杀人”

警方后来证实了的确是助手谋杀了画家。

他是这样做的：在短剑的柄上连接一条橡胶绳子，然后拉到电梯的换气孔；另一端系在电梯上面的天棚上，将短剑吊在电梯里。

当林子峰乘坐电梯下楼时，橡胶绳被拉断，靠其弹力射出短剑，刺中坐在轮椅上的林子峰。在狭窄的专用电梯内，坐轮椅的人经常都是坐在一个位置，所以短剑下落的方向可以事先测好；坐轮椅的人很少抬头往上看，因此也不可能注意到头上的短剑。

9. 消失的子弹

探长认为，这不是一般的子弹，而是用坚硬的岩盐做成的。

岩盐又称石下边，是天然存在的氯化钠，能溶解于水，产于炎热干燥地区的盐湖和海滨浅水盐湖中，是重要的化学工业原料，可供食用。

它的特点是像石头般坚硬，用它制成子弹，即使你穿着衣服也足够射入你的体内，由于体内的温度和水分，所以能很快地将这颗子弹融化掉。

10. 酒窖劫案

由于酒窖四周无窗，阿旺若真的失去知觉，醒来后就无法知道外面是白天还是黑夜；就是有老式手表，他也无法知道到底当时是近中午12点还是夜里12点。而现在阿旺知道是午夜12点，说明他就是作案者。

11. 小邓的判断

右手被铐住的是犯人。小邓是这样判断的：警察铐住犯人的右手，而铐住自己的左手，这样，假如犯人一旦不老实，警察就可以用右手制服对方，或迅速掏枪。李教官说的有特殊情况，是指如果警察是个左撇子，他也可能铐住自己的右手。

12. 听不见的证据

是鸽子钟报时的声音。如果真的是在书房被枪杀的，那么磁带中就理应录上了3分钟前鸽子报时钟报9点的鸽子叫声。之所以录音中没有鸽子的叫声，是因为凶手是在别处一边录音，一边枪杀受害人的。

13. 绝食之谜

夜晚趁男爵在床上熟睡之际，4个印度人爬上健身房的屋顶，卸下采光窗的玻璃，从铁栏杆之间放下4根头上系着钩子的绳子，分别钩住床的4只脚，然后把床连同睡在床上的男爵高高吊起。男爵有恐高症，被吊起来后惊吓而死。

14. 左边的弹壳

如果真像死者妻子所讲的那样，歹徒是在门外朝她丈夫开枪，弹壳就不会落在房间里，也不会落在左侧，因为从自动手枪里飞出的弹壳，应该落在射手的右后方几英尺处。

15. 解开暗示之谜

波洛是在厕所中的手纸上发现的。这可能是鲁西被凶手刺中后奋力跑进厕所迅速用自己的血写下的，然后再把手纸卷好，这样凶手就不容易发现。以后谁再用手纸就会发现线索。

16. 圣诞老人

如果人们穿上军人、邮差、医生、护士、学生服装，使人很容易联想到他的职业，因为这是人们的习惯思维。而圣诞老人的服装显然不容易让人联想到他的职业，所以，人们也就不太注意他是谁了。这是一种给人制造盲点的易容术，它的使用频率相当高，效果也不错。

17. 白鹅纠纷

康熙是根据四只鹅的粪便来辨别的。因为邻居的鹅是在野外放养的，吃的是野菜、虫子，因而拉出的粪便应是绿色的；而店家的鹅是吃白米饭的，拉出的粪便是白色的。

18. 从天而降的警察

福特探长在打电话时做了点手脚。在通话时，探长一讲到无关紧要的话，就用手掌心捂紧话筒，不让对方听到，而讲到关键的话时，就松开手。

这样，警方就收到了这么一段“间歇式”的情报电话：“我是福特……现在……金冠大酒店……和目标……在一起……请您……快……赶来……”

19. 杀妻疑案

探长和助手们用猪鬃和封蜡做了一个实验。他们用猪鬃一端拴住门的插销，把猪鬃另一端从门上的小孔内穿出，然后从外面拉猪鬃，门便被反锁了。再用力拉猪鬃，猪鬃便被拉断，门上只剩下小孔。用封蜡堵住小孔，再给封蜡涂上与门相同的颜色，粗粗看去，毫无痕迹，难以察觉。

警察依照探长的命令拘捕了萨科森。半个月后，在法庭上，探长和助手用录像放了一遍那个实验。当法官以一级谋杀罪宣布萨科森终身监禁时，萨科森才如梦方醒，他揪着自己的头发，慢慢地蹲下来号啕大哭。

20. 解密密室杀人

凶手先把保险盒拉开，使屋内处于停电状态，然后把电风扇的开关置于“ON”的位置，把系在电风扇转轴上的钓鱼线穿过房门上的插销槽，系在插销柄上，他站在门外，从门缝中伸进手去，将钓鱼线与插销系在一起。

然后，悄悄地关上门，合上保险盒。于是电风扇旋转起来，钓鱼线随之卷进扇轴里，拉动插销柄，使之落进插销槽内，随着拉力的增强，钓鱼线从插销上脱落，被卷进电风扇的轴里看不见了。这样一来，犯罪现场也就成了一间完完全全的密室。

21. 真正的犯人

约翰指的是B，B是真正的罪犯。

这只要对没有亲耳听到A的供

词做一番分析，问题就清楚了。

如果A是该组织成员，那么他在招供时一定撒谎。所以他肯定会说：我不是该组织的成员。如果A不是该组织成员，那么他一定说实话。所以他也会说：我不是该组织成员。也就是说，不管是真是假，A的供词只能是：我不是该组织成员。

这样一推理，就可以断定，说谎话的就是B。

22. 不在场证明

黑田高木乘的“赤日五号”轮是艘车辆渡轮，也就是运送汽车的船。他让受害人吞服了安眠药熟睡后，将她藏在车的后备箱中，再连人带车带到船上。

于是，深夜零点左右，他悄悄溜进装着汽车的船舱，用绳子勒死在车后备箱中昏睡的受害人。当“赤日五号”驶进鹿儿岛时，他开车上岸，拉着尸体运到东京，抛弃在山林中。

23. 四公里的秘密

一般汽车的里数表，都是根据后轮或前轮(看汽车由哪个轮驱动)的转动次数来计算里数的。向前转则里数表显示前进的里数，向后驶时里数表会倒过来走。

山野当然不可能将汽车倒行4公里，但他利用汽车泵把汽车的后轮抬起(假设车子是由后轮驱动的)，把车轮向反方向逆转，于是改变了里数表的读数。

24. 女王的难题

小孩是这样说的：那要看这个袋子有多大了。如果袋子和沙漠一样大，那就只有一袋沙；如果袋子只有沙漠的1/2大，那就是两袋沙。如此类推，沙漠里有几袋沙就很明白了。

25. 毒蛇杀人

采山野菜一般是旧历的正月，此时还是冬季。在日本温带气候生栖的蛇类，是靠冬眠度过漫长而寒冷的冬天，所以，冬季里的蛇是不会袭击人的。

26. 中毒之谜

轮胎里充满了高压氰酸钾气体，罪犯是在前一天晚上悄悄溜进车库作案的。

第二天早晨，当被害人想出车时，发现一个轮胎气太足了，这样车跑起来会出危险，便拧开气门芯放些气。就在这一刹那，剧毒的氰酸钾气体喷射出来使其中毒身亡。

27. 油轮杀人事件

凶手是报务员维柯。在杀人案件中，只要把尸体藏好，犯罪就不成立。话虽如此，可在陆地上杀人，要把尸体处理掉是很困难的。

但如果是在印度洋航行的船上，那就简单多了。周围是一望无际的大海，只要将尸体扔到海里就行了。正因为如此，凶手这样有意将尸体留在甲板上，如果说是为了什么的话，是因为如果将尸体扔到海里，受害人就下落不明了，也就是说失踪了。如果这种失踪不足一定期限(一般情况的失踪为7年，在战场上的特殊失踪为1年)，在法律上不能承认死亡的。那么在此期间，继承人就不能继承遗产。

所以，维柯为了早日得到叔父的遗产，就有意将尸体留在甲板上。森姆的借据不见了，也是维柯为转移警方视线，嫁祸于森姆而扔掉的。

28. 泄密的蜡烛

马可虽然是个无赖，但在丽曼眼中，毕竟还是她自己的亲生骨肉，在花钱和吃用方面尽量满足他。梅丽则不然，她对马可毫无感情，眼看家当要败在他的手里，心中有说不出的怨恨。只有害死丽曼又嫁祸于马可，才能保住她微薄的财产。

所以她杀死了丽曼，又刺伤了自己，尽管她刺了自己13刀，但却不伤要害。然后她又把菜刀烧掉。做完这一切后，她原本想挣扎到窗前呼救报警，由于年老体衰，过分激动，竟昏迷过去。

探长到邻居那里借来了一把手锯，锯开了那只密封的油桶。木桶内正藏着3万元现金和一些重要的借据，是从油桶的小孔里塞进去的，做这件事的显然只能是梅丽。

29. 哪里出错了

白布和旗子一样，没有风绝对不可能飘起来，人们当然也就无法看清楚上面的字。鲍里金正是在这个问题上露出了马脚。

30. 巧妙逃跑

惯盗朗班从别墅骑上马飞奔到S车站，并在S车站附近下马，把马放开，自己奔向S车站乘上21点16分的夜车，回到伦敦自己的住处。放在那儿没人管的马自己回到了马棚。因为马棚的门由外往里是可以推开的，所以马可以自己走进马棚。

31. “愚蠢”的犯人

凶手害怕弄出声响被人发现，甚至不惜把手枪当锤子用，这说明他一定是梦露沙夫人熟识的人。从梦露沙夫人的装扮也可以看出一二，因为能穿睡衣会见的客人并不多，仆人没有报告有客人到访，说明凶手可以自由出入。

最后，查理士先生一进门，就宣布悬赏捉拿砸死梦露沙夫人的凶手，可是当时他对案情还一无所知，这样快地表态，说明即使他不是凶手，也一定是雇用凶手的人。

32. 说谎的兰尼

兰尼说一进门就被人打倒在地，那么，这床头柜上的牛奶不就是刚端来的吗？为什么一点都没有洒在地上呢？

其实兰尼端着这杯牛奶先进房放在床头柜上，顺手将手提箱拿到门口，交给那个蒙面同伙，然后使用苦肉计——故意让同伙打了一下，造成被人打伤、手提箱被盗的假象。

33. 小偷敲门

因为任何一个单人房间的旅客，在进自己的房间之前，是绝不会敲门的。显然，年轻人所说的走错了房间是在说谎。

年轻人走进加利房间之前敲了下门，而后又上了四楼，三楼和四楼只有单人房间。而加利当时不揭穿他，是怕打草惊蛇。这样等他再次作案时，就能抓住他。

34. 他在撒谎

哈波特说他今天开了那辆黄色的轿车12个小时，如果真是这样，汽车引擎罩就应是非常烫的。而刚才那个小男孩光着脚丫子在上面爬来爬去，说明车的引擎罩是冷的。因此探长可以肯定哈波特在说谎。

35. 神秘的罪犯

凶手是风。正当死者享受日光浴时，海滩上突然刮起一阵飓风，把太阳伞吹起，当风吹过后，那把太阳伞正好插入了死者的腹部。

36. 名画在哪里

被盗的名画就放在两艘拖船上，所以在“凡尔赛号”上无论怎样寻找也是找不到的。一到了港外，菲米就将名画从拖船上搬到“凡尔赛纳号”上。也就是说，拖船的船长也是大盗菲米的同伙。

37. 被偷的所罗门王冠

恶魔滑稽师已事先潜藏在房中，他将沙发椅掏空潜藏在里面。其助手从窗户外见松下从保险柜中取出了王冠，便拉下电闸造成停电，并以此为信号，指示另一同伙朝天开枪。

当屋内人都拥向窗边时，恶魔滑稽师乘机从沙发椅中悄悄钻出，拿到王冠后再回到沙发椅中，然后等警戒解除后，再悠然地钻出沙发椅逃走了，这就是王冠从密室消失之谜。

当然，当初给松下打的电话也是恶魔滑稽师手下的人干的，告诉松下“锁在保险柜里很不安全”，是对松下的一种巧妙的心理诱导。上当的松下害怕起来，于是主动从保险柜中取出了王冠。

38. 苹果作证

探长识破所长诡计，就是靠那只苹果。

原来，在苹果表皮的细胞里含有一种氧化醇素。平时，它被细胞膜严密地包裹着，不与空气接触，一旦细胞膜破了，氧化醇素就与空气中的氧发生氧化作用，结果导致苹果变色。但所长咬过的苹果还没有变色。如果真像所长所说30分钟前被人麻醉昏倒的话，那么苹果的颜色应该会变。

39. 脚印的秘密

往返的脚印不同。扛着尸体时重量增大，所以留在雪地上的脚印就比较深，而返回时是空手而归，脚印浅，所以断定报案者就是凶手。

40. 金币藏在哪里

汤姆从他叔叔尸体上找金币的事实证明他涉嫌谋杀。假如他是无辜的，探长所说的“金币就藏在叶子下面”，汤姆就会将“叶子”理解为手中的茶叶罐，不会联想到三叶形徽章，而立刻去翻他叔叔的尸体。

41. 用左手自杀

死者两个月前已因左手麻痹而

不能使用，但现场所见，他依然用左手，因此证明凶手把他杀害后才把枪放在他手中。在两人中，只有两天前从巴黎回来的龟七郎不知道他的左手有毛病，所以龟七郎就是凶手。

42. 绅士幻影

原来那个陌生人就是出现在侦探社的那个人。他与绅士的妻子有不寻常的关系，恐怕被绅士知道，于是假扮为绅士，往霍桑侦探社求助，捏造年轻小姐与法籍情夫两人的奸情。

当晚，绅士妻子先打开窗户离去，制造不在场证据，让中年人潜入，把绅士杀害；要是被害者的脸保持完整，他的计划就会失败，故把被害人的脸毁容，还放下一份法文报纸，假装凶手是个法国人，以扰乱警方的视线。谁知，凭他的声音，竟被侦探识破。

43. 青铜器杀人

凶手就是黑木大郎本人。他首先把田中骗到家里鉴赏青铜器，目的就是让他沾上指纹。然后杀死妻子，丢掉青铜器，嫁祸给田中，让警方误以为是田中贪图青铜器而谋财害命，杀死自己的妻子。

44. 杀人的音乐家

埃利事先已做好演出准备的事实，说明他对巴蒂的死和自己将上场演出有准备，这就证明他涉嫌谋杀。如果他事前不知，他上场前就应准备，用松香先擦擦弓，并调好琴弦。

45. 作家的遗书

一切迹象都暗示霍金先生似乎是自杀，但是，当警方在达森的屋子里找到完整的新作稿本以后，真相就大白了。

除了霍金没有自杀的动机之外，警方从他的合伙人里克的证词中，知道那所谓的遗书，正是霍金先生新作的最后一页草稿。霍金早就把结尾告诉过里克先生，那一页上肯定会有签名和时间，而且和许多作家一样，霍金从不给最后一页编上页码，这就给了凶手可乘之机。

当然，对警方指控的犯罪，达森供认不讳。达森想把书稿占为己有，于是设计杀害了自己的主人，伪造了自杀现场。

46. 开关在哪儿

原来，垂死的警员说的“开关……米勒”并不是指米勒的画像，而是指钢琴键的两个音符(米为3，勒为2)。按下钢琴3、2两个键后，秘密地道的门自然打开了。

第二章 数字推理篇

1. “袋鼠”行动

其实，最少只要称两次就能得出结论。先把一根木头放到一边，另外6根分别放到简易天平的两边，每一边有三根木头，如果两边平衡，那么显然旁边这根木头就装有毒品；如果一边比较轻，那么取轻的那边，用同样的方法再做一次，就可以知道哪根木头藏有毒品。

2. 破解遗嘱难题

假设杰斯家的钱数为x，青年的父亲的钱数为y，则果园的价值等于y/3，也等于x/4。此外，已知(3/4)x+y等于500万英镑，而(2/3)y+x也等于500万英镑。从这些方程中可以解出青年的父亲有250万英镑，而杰斯家的钱是333. 33万英镑，果园的价值是83. 33万英镑。

3. 奇怪的短信

罪犯为了隐蔽，在电文中没有使用明白的文字，而是利用音乐中简谱中的四个音符“1257”作为密码，即谐音“都来收息”，通知同伙来分赃。

4. 藏在骨灰盒里的钻石

船长列了长长的一条公式：设水速为u，船在静水中的速度为v，那么船顺流时速度为u+v，逆流时船速为v—u，设扔下骨灰盒的时间为t，那么可以列出算式(v—u)(10：30—t)+(11：45—t)u=(u+v)(11：45—10：30)，得出t＝9：15。(提示：设10:30−t=x)

也就是说，窃贼抛下骨灰盒的时间在九点一刻，而此时安妮正同罗斯太太争吵，她不可能作案，那么能作案的人只能是里丽了。

5. 计算失误

本杰伦的失误在于没有考虑到火车本身的长度，30秒是火车头进入隧道到驶出隧道的时间，但是车身还在隧道中，火车实际完全驶出隧道的时间为42秒。所以，炸药爆炸的时候只炸断了铁轨，对火车本身并没有造成太大影响。

6. 分配遗产

从末尾开始，最小儿子得到后互接排的金条数目，应等于儿子的人数。金条余数的1／7对他来说是没有份的，因为既然不需要切割，在他之前已经没有剩余的金条了。

接着，第二小的儿子得到的金条，要比儿子人数少1，并加上金条余数的1/7。这就是说，最小儿子得到的是这个余数的6/7。从而可知，最小儿子所得金条数应能被6除尽。

假设最小儿子得到了6根金条，那就是说，他是第六个儿子，那人一共有6个儿子。第五个儿子应得5根金条加7根金条的1/7，即应得6根金条。

现在，第五、第六两个儿子共得6+6＝12根金条，那么第四个儿子分得4根金条后，金条的余数是12／(6／7)＝14，第四个儿子得4+14／7＝6根金条。

现在计算第三个儿子分得金条后金条的余数：6+6+6即18根，是这个余数的6/7，因此，全余数应是18／(6／7)＝21。第三个儿子应得3+（21/7）＝6根金条。

用同样方法可知，长子、次子各得6根金条。我们的假设得到了证实，答案是共有六个儿子，每人分得6根金条，金条共有36根。

有没有别的答案呢？假设儿子数不是6，而是6的倍数12。但是，这个假设行不通。6的下一个倍数18也行不通。再往下就不必费脑筋了。

7. “半个”孩子

单数的一半再加上半个，正好是整数。

由于摩斯在最后一次送走孩子以后，自己身边还留下一个孩子，就可以推断出他当时应该还掌握着3个孩子。再推回去，一共有7个孩子遭到绑架，其中4个被关在东面，2个被关在西面。

8. 有毒的茶水

按秘书讲，这茶已经沏过两个多小时了，那么在壶中就不可能有漂浮在水上的茶叶。由此可断定一定是有人将有毒的茶水倒掉，然后放上半壶凉水，再洒上把茶叶冒充未喝完的凉茶。而当时可以做这番手脚的，只有秘书一个人。

9. 假冒的数学老师

数字计算中有这样一条规律：凡是同5相乘的数，乘积的尾数只能是5或0。中年人开始说孩子们年岁乘积是3024，又说孩子5岁。这就是自相矛盾，因此可以断定他不是数学教师，孩子们也不是他的学生。

10. 寻找宝物

水浇在地上会慢慢渗入地下，一个院子的地，其渗水速度应该是一样的。但若地底下埋有东西，那么水渗入的速度就会比其他地方慢。所以浇过水后，有藏物的地方肯定会比较湿润一些，这样就能很快找到藏宝物的地方了。

11. 鲤鱼知多少

其实，这个问题不难，鲤鱼共12条，除去被吃掉的1条，还剩下11条。观察价格，你就会发现青鱼、刀鱼和鳜鱼的价格都是13的倍数，也就是说，无论这三种鱼买多少条，其价格总和也将是13的倍数。

用鲤鱼的价格170除以13的余数是1，也就是说，每买一条鲤鱼剩1里拉。用3600除以13，余数是12，说明鲤鱼一共有12条。至于其他鱼有多少，就不在考虑范围之内了。

12. 巧妙计算

把称得的10个数字相加，得到1156千克，即是各个口袋重量之和的4倍。把1156千克除以4，得知5个口袋共重289千克。

为方便起见，把5个口袋按重量大小依次用字母代表：最轻的一个口袋为A号，次轻的—只口袋为B号……最重的—个口袋为E号。不难理解，在110、112、113、114、115、116、117、118、120、121这10个数字中，第一个数字(110)是两个最轻的口袋A、B的重量之和，第二个数字(112)是A、C两个口袋的重量之和，最后—个数字(121)则是最重的两个口袋D、E的重量之和，倒数第二个数字(120)是C、E两个口袋的重量之和，即：

A+B＝110(千克)……(1)
A+C＝112(千克)……(2)
C+E＝120(千克)……(3)
D+E＝121(千克)……(4)

由此，不难算出A、B、D、E这4个口袋的总重量为110+121＝231（千克）。从五个口袋的总重量与这个重量之差，即可求得C的重量为289−231＝58（千克）。把C 的值代入（2）、（3）两式，分别求得A＝54（千克），E＝62（千克），随后可依次求得B＝56（千克），D＝59（千克）。

因为面粉团子的重量误差是在4千克以内，而62千克的面粉团子说明走私犯至少在一袋面粉团子中掺入了3千克钻石。

13. 秋千杀人

凶手把史密斯杀死后,把尸体搬到秋千上，然后用力荡秋千使尸体摔到了田里，所以田四周没有任何脚印。

14. 狡猾的珠宝老板

原来的垂饰是：从上往下数到第八颗就向左右拐。可是修理好之后是到第九颗才向左右拐。用丽丝的方法数珍珠的话跟原来没有什么两样，其实珍珠总数由原来的二十三颗减少到了二十一颗。

15. 杀人的“3801”

这四个数字是阿丽娜小姐被凶手勒住脖子后，绝望地利用手中的口红在身后的墙壁上写的。由于她的手是背着写的1083，在这种情况下写的数字从正面看恰好是上下颠倒的，结果就变成了3801。这点当然是阿丽娜小姐难以想到的，她写这串数字的目的当然是为了给警察留下线索。

16. 案发时间

这是个看起来复杂其实很简单的问题。作案时间是12点零5分。计算方法很容易，从最快的手表(12点15分)中减去最快的时间(10分钟)就行了。或者将最慢的手表(11点40分)加上最慢的时间(25分钟)也可以得出相同的答案。

在分析问题的时候，最重要是找到解决思路，把看似复杂的问题分解成简单的部分处理。

17. 杀人犯的破绽

科林推断出的罪犯是邮递员。如果是被害人的丈夫，就不会将只吸了一两口的香烟扔在门外，他会毫不在意地叼着烟进屋的。

而在要访问的对方门前将刚点着的烟扔掉，这是因为叼着烟去人家里是不礼貌的，这种对被害人人彬彬有礼的凶手毫无疑问是邮递员。

18. 破译密码

E=7，W=4，F=6，T=2，Q=0，7240+6760=14000。

细心分析，可以发现只能是Q+Q=Q，而不可能是Q+Q=2Q，故Q=0;

同样，只能是W+F=10，T+E+1=10，E+F+1=10+W;

所以有三个式子：

(1)W+F=10

(2)T+E=9

(3)E+F=9+W

可以推出2W=E+1，所以E是单数。

另外E+F>9，E>F，所以推算出E=9是错误的，E=7是正确的。

19. 只称一次

把每个箱子编上号，从第一个箱子中取出一个轴承，从第二个箱子中取出两个，从第三个箱子中取出三个……以此类推，从第十个箱子中取出十个。

把这些轴承称一称，它们的标准重量是5500克。如果是第一个箱子的轴承超重，结果就应该是5510克，如果是第二个箱子，结果就应该是5520克……

20. 失而复得的金币

这是汉尼老头针对斯特罗的贪心施的一条妙计。斯特罗和老汉尼谈完话后暗想：这老头一定是要再放46个金币到坛子里去，为的是凑够100个金币。但如果老头发现原来的54个金币不见了，就不会再放另外46个了。斯特罗为得到另外的46个金币，所以连夜把54个金币送回去了。

21. 乐队的人数

乐队总人数分别除以2、3和4以后，都有一个余数。符合这一条件的最小数字，一定比2、3、4的最小公倍数大1。2、3、4的最小公倍数为12，任何一个比12的整数倍大1的数，被2、3和4除以后，都有余数1。

而当乐队以5人一排行进时没有余数，可见，总人数还必须恰好能被5整除。我们可从下列数列寻找能被5整除的数：13、25、37、49、61、73、85……由于知道乐队人数在30人左右，所以可以断定确切的人数是25人。

22. 贼喊捉贼

凯西说他看到一个男子在左侧的壁炉旁往大背包里塞东西，后窜到右侧逃走。而锁孔只有黄豆般大小，门有10厘米厚，凯西的视线不可能同时看到14米宽度的空间。所以警官知道他在说谎。

23. 恐怖分子的行动

先从第一个助手开始去的那个晚上计算。如果7个恐怖分子头目能同时碰面，他们之间间隔的天数一定能够被2、3、4、5、6、7整除，现在我们可以很方便地得出这个数字是420。因此，在他们开始会面的第421天，7人将首次同时出现。而由于他们已经在M国住了一年，所以离这一天的到来已经不会太远了。

24. 到底损失了多少

其实，实际的损失是10000元。我们这样来算：金生找了2000元给顾客以后，自己那里还有8000元真币，他添2000元就可以和保罗结清，加上戒指价值8000元，他在这笔交易中损失了10000元。

25. 教父在说谎

假如100这个数可以分成25个单数的话，那么就是说这25个单数的和等于100，即等于双数了，而这显然是不可能的。

事实上，25个单数也就相当于共有12对单数，和一个单数。每一对单数的和是双数,这样一来，12对单数相加，它的和必定是双数，再加上一个单数不可能是双数，因此，100块壁画分给25个人，每个人都不分到双数是不可能的。

26. 一道小学数学题

是32架。可以这样计算：4人

工作4×4小时生产4架模型飞机，所以，1人工作4×4小时生产1架模型飞机，这样每人工作1小时就生产1/16架模型飞机。

因此，8人每天工作8小时，一共工作8天，生产的模型飞机数目就是8×8×8×1/16＝32架。

27. 聪明的外乡人

外乡人并没有作弊，他只是巧妙运用了数学原理。

要明白“15点”游戏的道理，先列出其和均等于15的所有三个数字的组合（不能使两个数字相同，不能有零）。这样的组合只有八组：1+5+9＝15，1+6+8＝15，2+4+9＝15，2+5+8＝15，2+6+7＝15，3+4+8＝15，3+5+7＝15，4+5+6＝15。

2	9	4
7	5	3
6	1	8

应当注意的是，这里有八组元素，八组都在八条直线上：三行、三列、两条主对角线。每条直线等同于八组三个数字(它们加起来等于15)中的一组。因此，在比赛游戏中每组获胜的三个数字，都由某一行、某一列或某条对角线在方阵上代表着。

很明显，根据这个简明的图示，只要每次在可能构成15的地方堵住对方，那么对方就完全没有获胜的可能；如果双方都按照正确的方法下，最终就是平局。赌徒们显然没有想到加法里还有这么大的奥妙，于是纷纷输给了外乡人。

28. 何时过河

第一次：两个孩子划小船到对岸，由一个孩子把船划回侦察兵所在地方（另一个孩子留在对岸）。

第二次：把船划过来的孩子留在岸上，第一位侦察兵划小船到对岸登陆，再由对岸的孩子把船划回来。

第三次：两个孩子划船过河，其中的一个把船划回来。

第四次：第二位侦察兵划船过河，再由对岸的小孩把船划回来。

第五次：同第三次。

第六次：第三位侦察兵过河，小孩把船划回来。

这样，三位侦察兵都渡到河的对岸了，两个孩子又可以继续在河上划船玩了。

第三章 反应思维篇

1. 谁是肇事者

在案件的侦破过程中，镜子往往发挥着重要作用。出租司机看到的车牌完全没错，可是由于是从后视镜中往后看，所以看到的景象是相反的，也就是说，正确的车牌应该是10AU81。

2. 画室杀人案

这件案子的巧妙之处是，凶手达森前后两次留下的物件放在现场。第一次是杀人的丝袜，第二次是贴身的墨水笔。

警方是如何破案的呢？主要是从伯加的最后两张作品观察出来，第一张是未完成的苏珊画像，她去了哪里和她是否为凶手是问题的关键。

第二张是伯加费了7个小时绘成的现场凌乱不堪的写真，显眼的丝袜被绘在其中，可是在肇事现场警方找不到丝袜，但却发现了墨水笔。

而这支笔在画中却不曾出现过，由此一来一回，一有一无，警方便推敲出整个故事来，玛丽的男友达森，即墨水笔的主人也成了破案的焦点。

3. 助手的嫌疑

可以这样分析：既然是活埋，自然是埋在花园里，既然要将人埋在花园里，为什么不把表演场地设在花园里面，这样不是可以免去搬运铁箱的麻烦工作吗?

还有，为什么铁箱从地里挖出来后不直接开锁，非要再运回舞台呢？那是因为被埋的铁箱不是锁了魔术师的铁箱，铁箱在从楼上舞台运到花园里的时候已经被换掉了，而换的场所就是电梯。

这其实是一组双层电梯，上下两个电梯内部的装饰完全一样，使人分不出彼此。而一个长宽高各为2米的铁箱在放进电梯以后，里面肯定是不能再站其他人了的，于是现场观众必须要走楼梯或乘另一部电梯。

这样,当电梯到达底楼时,出现的铁箱其实是没有魔术师的另一个箱子，等到铁箱埋入地下10天以后，再采取相同的办法在电梯里将两个铁箱换过，魔术师的活埋表演就完成了，说穿了，这只不过是一个障眼法而已。

魔术师的助手为了除掉他，故意没有更换铁箱，而是把装有魔术师的铁箱直接埋到地下，这样魔术师当然“失手”，死在了铁箱里。

4. 抢劫犯的破绽

许多假话的共同特征是，越想编得真实，越容易露出马脚。

霍林顿一开始说看到歹徒眼角有痣，这在灯光昏暗的情况下几乎是不可能的；而霍林顿的解释更加离谱，人的眼睛突然被强光扫到的时候会暂时失明，什么都看不见，更别说看到歹徒的面部细节了。

所以，尼克可以大胆地得出判断：关于强光电筒、大胡子或者眼角的痣，都是霍林顿一手编造出来的，他说了假话。

5. 数学家的暗示

笛生在临死前抓住一根铁丝捏成圆，是在暗示警察杀害他的人和圆圈有关。大家知道，圆周率约为3.14，所以他的意思是凶手住在314房间。这就是数学家特殊的思维方式，而聪明的警察经过思考，破译了他的“密码”，顺利破获了案件。

6. 愚蠢的检查员

就算老保罗把轿车完全拆开来，也是找不到走私品的。最明显的东西最容易被忽略，德马克走私的就是宝马轿车。他20年来每次都开一辆宝马轿车过境，而老保罗却总以为走私品藏在轿车里，可是却没想到眼前的轿车就是走私品。

7. 杀人毒蜂

这部微型录音机里的磁带开头录着轻松柔和的华尔兹乐曲，可就在这部乐曲中突然插了一段节奏紧张、刺激性强的现代音乐。

毒蜂在听轻松柔和的乐曲时表现得温顺老实，而当突然听到这种强刺激的现代音乐时，马上兴奋起来，野性大发。罪犯就是趁被害人睡午觉的时候，利用毒蜂的这种习性，用录音机里装的这盘磁带，让毒蜂袭击了日本商人。

8. 胸针不见了

曾凡是根据中年男子手上的那块劳力士荧光表来判断的。劳力士荧光表在黑暗中是发光的。在电梯的灯熄灭时，就是那位女士的胸针被盗之时。而就在这个时候，曾凡看到了一道闪光在女士的胸前闪过，这道闪光就是劳力士荧光表发出来的。无疑中年男子偷了胸针。

9. 巧辨扒手

梅丝是根据罪犯的心理来判断的：如果梅丝泼了别人，那人一定会大叫起来，可是对方却默不作声，这说明，他作案后因为怕暴露而不敢出声。

10. 小五郎破案

熊本一郎家里有三个兄弟，警长到金田村刚家调查时，根本没有告诉他死者是谁，而金田村刚却一口就说出死者是熊本一郎，这就说明金田村刚事先必定知道。毛利小五郎抓住这个破绽，从而打开缺口，一举破获了此案。

11. 说谎的证人

彼尔证词里有许多矛盾的地方。第一，既然两名强盗进门时都戴着面具，怎么可能看见他们叼着香烟呢？第二，打他的那个大个儿胖子既然戴着手套，怎么能看见他手上戴着金戒指，并且还能看到上面镶着的蓝宝石呢？第三，既然列车行进的时候声音很大，怎么能够听见那两声轻轻的敲门声呢？

12. 看电视的犯人

托德在作案的时候也可以看电视，所以他说他看电视没有作案时间是不足为信的。

13. 失窃案

电力工程师在说谎。日本国旗是白底加太阳的图案，无所谓正反的区别，更别说出现挂倒这种事情了。所以，电力工程师根本没有重新挂国旗，他有足够的时间作案。

在大多数时候，只要根据严密的逻辑推理和正确的判断，就能顺利解决问题，需要注意的是，推理时不要遗漏任何细节。

14. 伪装现场

原因在死者的脚上。如果死者真是从树上滑下来嗑在石头上死的话，那么他脚上得擦伤应该是横向的。显然被害人的脚伤不是从树上滑下来所致。

15. 他究竟是谁

送货人是第三个人。因为只有他知道马尔·加森斯不是一个人的名字，而是跟两个人的名字有关。

另外，从他携带的包上也能窥出一些蛛丝马迹：塑料袋是半透明的，带公文包游览又太显眼，只有帆布背包最合适。

16. 录音带也说谎

凯特森不是凶手，他是清白的。

注意，警察按下小录音机播放按钮，这卷带子就从头开始播放，而如果确实是记录泰森被杀害现场的录音，会在泰森被害后继续往后走，直到磁带到头为止。从头开始的录音说明是有人把带子倒过来听过，如果凶手真的是凯特森，那么他一定会毁灭这份对自己非常不利的证据。

17. 白纸上的遗嘱

其实，库恩的妻子为了保住遗产，故意把没有墨水的钢笔递给库恩。由于库恩和简恩都是盲人，自然也就没有发现，没有字的白纸最终被当成遗书保存下来。

可是，虽然没有字迹，但钢笔划过白纸留下的笔迹仍然存在，如果仔细鉴定仍然是可以分辨出来的，所以尼克探长说遗嘱仍然有效。

18. 谁是杀人犯

凶手是死者的经纪人。警方注意到他的眼睛受伤了，经过到医院的调查，得知他根本不是得了什么红眼病，而是被什么东西刺伤了。显然他是在和蒙娜的搏斗中被窗户的玻璃刺伤的，在他杀死蒙娜，逃离现场后又从外面扔了石头把玻璃砸碎了，目的是为了混淆警方的视线。

19. 头发的秘密

凶手就是女佣。她一定是在偷窃东西的时候被苏珊发现了，于是她趁机杀了苏珊。为了嫁祸给马休，女佣在帮马休打扫房间的时候偷走了几根残留的头发。而她疏忽了一点：马休几天前理了发。理过发的头发的末梢都是整整齐齐的，而警长发现苏珊小姐手中攥着的头发是马休没剪头之前的头发。所以这一切是伪装的。而能亲密接近这两个人的人只有女佣凯特。

20. 给你5秒钟

凶手是送牛奶的工人。因为只有知道金姆森太太已经遇害，他才不再到这里送牛奶，而送报纸的工人显然不知道这一点，每天仍然准时把报纸送来。

送报纸的虽然每天都来，却因此被排除了嫌疑。送牛奶的工人作案后，显然没有想到这桩凶案在十多天以后才被人发现，他停止送奶的行为恰恰暴露了自己的罪行。

21. 浴缸杀人事件

思维定势是侦探最大的敌人。在海水中溺死是一条重要的线索，同时它也在暗示警察案发地点是在海边，而特里拥有不可能作案的时间证据。

实际上，如果仔细思索一下，并不是被海水溺死就一定发生在海边，如果有足够多的海水的话，在浴缸里同样也能作案，然后放掉海水，装满淡水，这只需要10分钟就足够了。

22. 找不到的邮票

专门用来藏东西的地方，比如壁橱、暗门，都是搜查的重点。而放在眼前的东西，往往容易被忽略。苏菲把芯片迅速贴到电扇的叶片上，然后打开电扇。在高速旋转的时候，叶片上的一张邮票是无法看出来的，因此警卫们虽然到处搜索，却只能是白费力气。

23. 望远镜杀人

华蒙托夫平时身体健壮，心脏健康，他的猝死显然是非正常死亡，而且身体没有任何伤痕，所以不能排除他杀的可能。

考虑到他死在观察同盟国军队的时候，因此死前接触到的最后一件东西，很可能是望远镜，而望远镜同样可以成为杀人利器！

被买通的警卫只要把一根毒针和调节焦距的旋钮连在一起，就能让华蒙托夫自己杀死自己！当他扭动旋钮的时候，毒针刺中眼球，导致心脏猝停。

而华蒙托夫在被刺中的刹那，自然会本能地将望远镜扔掉。他身处悬崖边，这一本能的举动毁灭了最后的罪证，要不是探案专家神奇的推理能力，这件案件恐怕要成为永远的悬案了。

24. 简恩的谎言

圣经的47页与48页是同一张纸，简恩是不可能把邮票藏在这两页之间的，加斯想到这点，便识破了简恩的谎言。

25. 伪造的遗嘱

不论多么完美的谎言，在时间面前都显得不堪一击。大卫的疏忽在于，他只知道后一份遗嘱更具法律效应，却忘记了11月只有30日，根本就没有31日。

26. 梨上的破绽

梨当然没有毒，问题出在水果刀上。莫里斯是个左撇子，箫伯斯当然知道这点。所以他就在水果刀朝皮的一面浸了毒，正常人用这把刀削水果时都不会中毒，因为毒液都被擦到水果皮上了。而莫里斯是个左撇子，他用这把刀时，带毒的一面正好朝向了果肉，所以莫里斯被毒死了。

27. 倒霉的猫

用倒推的方法，猫咪尾巴上的棉花团可以塞住煤气管的缺口，凶手需要的是在自己走以后让煤气泄漏出来。

所以，他先给猫咪注射麻醉剂，用猫咪尾巴上的棉花团塞住管子，等到深夜麻醉效力消失的时候，猫咪爬起来走开，煤气就开始泄漏……因为只有劳伦斯一个人来过，所以说作家就是被他杀死的！

28. 电扇的秘密

毫无疑问，这是一桩设计巧妙的谋杀案件，要不是死者碰巧带倒了电扇，连柯南也几乎被瞒过了！可是，插上电源以后电扇马上转动起来，说明死者碰掉电扇电源线以前它是开着的，而如果在开枪的刹那电扇还在转动，遗书就不可能端端正正地放在桌子上。因此，遗书是被人放上去的，而这个伪装的自杀案件也就露出了马脚。

29. 睡衣里的玄机

玄机就在那件被狗咬破的睡衣上。狗对气味非常敏感，在半夜里，它们只能凭气味来判断谁是陌生人。“鉴赏家”正是利用了这点，调换了自己和珠宝商的睡衣。

30. 凶器不见了

马丽是用冰做的短刀杀人的。柔暖的腹部，即使是冰做的刀也是可以刺进去的。马丽用暖水瓶将冰刀带进了浴室。趁瑞丝不备时，突然出手。等霍普森太太发现尸体时，冰刀自然就融化了。

31. 逃不掉的杀人犯

林斯顿就是利用了那只接电话的狗抓住了这个穷凶极恶的坏蛋的。因为狗的鼻子十分灵敏，只要把马克的衣物给它嗅一下，不管马克扮成什么样子，狗都能凭着气味找到他。

第四章 科学推理篇

1. 最后一分钟

谢廖莎用打火机将闹钟字盘的外壳烧化。因外壳是塑料的不耐热，很快就会熔化出一个洞，再用速干胶从洞内伸进去将表针固定住，这样表就停了。

只要表针不动，无论什么时候也到不了一点半，炸弹也就不会引爆，谢廖莎也就有时间报警，请警方来清除炸弹了。

2. 牵牛花和纵火案

事物都是两方面的，作为判断基准的证据，也可能成为洗脱罪名的依据。这个案件中，熊本试图用牵牛花的开花时间来作为自己不在场的证据，可这恰恰暴露了他心虚的一面：开花的时间可以方便地改变，最简单的做法是，用一个纸罩套住花蕾，开花的时间就会往后延迟了。

熊本纵火后迅速回家摘掉纸罩，拍下开花过程，想用这些照片来证明自己不在场，可他凌晨为花拍照的反常行为，反而引起了毛利小五郎的怀疑。

3. 领带杀人

洗洁剂中含有四氯化碳，这种物质无色无味，作为油脂类的液剂，被用于衣服的干洗类。四氯化碳挥发的气体是有毒的，尤其是在大量饮酒后，一旦吸入这种气体就会致命。因为死因没有明显的特征，所以很容易被误认为是酒精中毒。

埃德华是故意把死者的领带弄脏，目的就是让他去清洗时吸进四氯化碳。

4. 泄密的帽子

美国人忌讳黑猫，尤其是大眼睛的黑猫。因此，那位年老的女游客根本不会买黑猫太阳帽，那个店主在说谎。

5. 多出来的血型

其实，轮胎上的血型是牧场上的植物留下的，丘尼只撞了农夫一个人。植物虽然没有红色的血液，可植物浆液中也能化验出类似于人类血型的物质。这就是轮胎上出现了多种血型的原因。

6. 幽灵的真相

原来，由于传说这所古屋藏有大量珠宝，有人正在悄悄地寻找。而正在这时，这所古屋被出售，工人们要进去整修，为了使寻宝不受工人们的干扰，躲在里面的寻宝者便假扮“幽灵”吓人，以此使他人不敢贸然进去。

他先穿上又宽又长的大袍，脸用毛巾包起来，然后全身涂上磷。因为磷的燃点很低，在一般温室中也会燃烧，发出蓝白色的火光，但磷火的温度不高，并不会烧伤人。

就这样，他穿着长袍站在椅子上，又宽又长的长袍将椅子遮住，粗看起来像个巨人，为了使自己的形象更为恐怖，同时又为了防止别人可能会朝他开枪，他便利用客厅里的镜子，也就是说，他并没有在客厅里，而是站在客厅楼梯转弯处的平台上。由于正对着镜子，他的形象便从镜子里反射出来。

所以，加尼亚侦探抓起椅子砸碎镜子后，“幽灵”便不见了，而加尼亚侦探也已明白，这是有人在装神弄鬼。

7. 张丽的根据

刑警并非是警察的正式警衔，而是对从事刑事案件调查的便衣警察的通称，所以，名片上是不会用这个职衔的。我国现行警衔由上到下为：总警监—副总警监—警监(分一、二、三级)—警督(分一、二、三级)—警司(分一、二、三级)—警员(分一、二级)。

张丽由名片上刑警职衔看出此人是一个假警察。她真是一个聪明的孩子。

8. 赝品香炉

他是根据香炉的底部的一行小字：“公元八百二十年制”知道了这是个赝品。因为我国唐代还没有使用公元纪年，公元纪年是中华人民共和国成立之后才开始使用的。

9. 狡猾的杰克

管子只有不足2厘米宽，却有3米长，这样狭窄的空间根本无法完成空气交换，米勒吸入的都是他自己呼出的气体，所以在井水里窒息而死了。杰克想借这个机会除掉米勒，自己独吞劫款，可他的奸计还是被聪明的探长识破了。

10. 有人来过

细心观察是最重要的，有时能够挽救自己的生命！

闹钟一般都在指针上涂有荧光粉，方便晚上醒来的时候察看时间。如果长期不用的话，荧光会非常暗淡，甚至看不到，而刚刚被台灯光线照射过的荧光则会非常明亮，凯乐一进门，看到荧光很明亮，就可以断定有人来过了。

11. 凶手的指纹

根据三个人的说法，露丝和卡罗都喝的冰镇饮料，而刘易斯喝的是白开水。在炎热的天气里，冰镇饮料会让杯子迅速结出一层水露，这样玛莉小姐留下的指纹就应该是模糊的。所以，凶手是喝了白开水的刘易斯，他喝的是常温饮料，对玻璃杯没有丝毫影响，杯子上才留下了清晰的指纹。

虽然凶手作了精心的掩饰，但百密终有一疏。

12. 猫头鹰的尸体

法布尔望着警长疑惑的脸，笑道："我在采集昆虫标本时，常常发现大树底下有小鸟和老鼠的骨头。抬头一看便会发现猫头鹰的巢穴。猫头鹰抓住小鸟或老鼠后是整个吞食的，然后把消化不了的骨头吐出来。"

顿了顿，法布尔又说道："格罗得在食饵肉中夹上三枚古钱喂了猫头鹰，猫头鹰是整吞的。第二天早晨，猫头鹰吐出不消化的古钱，格罗得将它们藏起来，然后再杀了猫头鹰，并剖腹让人检查好证明自己的清白。"

13. 聪明的"服务生"

欧文说，那女人很狡猾，只要在公共场合出现，她就会用无色透明的指甲油涂在手指上。这样一来，无论她用手触摸什么东西都不会留下指纹。但只要一经水，指甲油就会被洗掉，欧文在她房间的喷头上做了手脚，她在洗澡的时候，喷头就会坏掉，这样一来她一定会叫人修理。欧文为她修好了，按礼貌她会付小费的，而这时她的手已经沾了水，指甲油被洗掉了，钞票上自然会沾上她的指纹，就这样欧文得到了她的指纹。

14. 聪明的特工

从回形针上拗下一段当成作针，在丝织手巾上用力摩擦，这样自制针就具有了磁性。把针在额头上摩擦几下，沾上一点油，再放入水中。

油的张力能让针浮在水面上，而磁性的作用会让针尖摇晃，当摇晃停止后，针尖所指示的方向就是北方。当然，针尖所指的磁场的北极，和地理上的北极是有误差的，距离北极圈越近，误差就越大。

15. 凶手的血型

约翰是O型血，而他的夫人是AB型血，这样，库克斯就只可能是A或者B型血，所以他不是凶手，凶手是同样有着AB型血的弗吉。

在案件侦破过程中，血型是非常重要的线索，根据科学规律，血型是可以推导的，这对案件侦破具有非同寻常的意义。根据血型学的研究，父母的血型与子女的血型，只能存在以下关系：

父母血型	子女血型
O+O	O
O+A	O\A
O+B	O\B
O+AB	A\B
A+A	O\A
A+B	O\A\B\AB
A+AB	A\B\AB
B+B	O\B
B+AB	A\B\AB
AB+AB	A\B\AB

16. 逃跑的路

凶手是沿着右侧的岔路逃走的，因为前轮和后轮所留下的轮胎痕迹深浅完全相同。

通常骑脚踏车时，骑者的重量都是加在后轮之上，因此在平路，或是下坡时，前轮的痕迹较浅，而后轮的痕迹较深。可是在上坡时，因为骑者的力量向前倾，体重偏向车把，所以前后轮的痕迹几乎深度相同。而歹徒正好是往上坡的方向逃。

17. 反败为胜的“蚂蚁案”

丁楷拿出了一份权威性的鉴定报告。这是一种名为“伊氏臭蚁”的蚂蚁，常年生活在北海道以外的日本各地，是日本国的“土特产”，中国上海一带根本无此蚂蚁。

皮革厂的两位代表如获至宝，日夜兼程赶到东京。正当谈判进入摊牌阶段时，皮革厂的代表出示了这张王牌：“衣服里的蚂蚁是运抵贵国后爬进去的，我方不承担任何责任！”

结果，皮革厂不仅打赢了这场“蚂蚁官司”，挽回了巨大的经济损失，还反守为攻，要求日方赔偿名誉损失。最后，此事以日本每年增加订购2000件皮革衣服而告终。

18. 古堡疑案

午夜，只见一团团黑影从古堡顶部飞下来，向猴子猛扑过去，只听苏醒过来的猴子一声惨叫，弗理加尔迅速收紧了渔网，古堡内又静了下来。

次日早晨，他从古堡里胜利走出，指着渔网对围观者说：“凶手就在里面，它就是这种奇特的红蝙蝠，长着像钢针一样锋利的嘴，夜间出来觅食，乘人畜不备，瞬间能将尖嘴插入人和动物的大脑，吮吸脑汁，可立即致人死命。由于红蝙蝠具有这种杀人绝招，所以难以在死者尸体上找到伤处。”

当局正要论功行赏，老人拿出了证件。原来这位“乞丐”正是英国剑桥大学著名生物学教授汤恩·维尔特。他观察古堡研究红蝙蝠已经20多年，这才一举破获神秘古堡的百年疑案。

19. 流水作证

杰米身在新西兰。在地处北半球的夏威夷，水流旋涡是由左向右的；而在地处南半球的新西兰，水流旋涡是由右向左的。

水的旋涡受地球自转的影响，北半球水的旋涡是由左向右顺时针旋转，南半球则相反。这个案件告诉我们，要成为一名优秀的侦探需要多么丰富的知识啊！

20. 电话爆炸案

嫌疑犯可以先在老人的电话机上安放一个能使电话线短路的装置。然后，他让老人吃下安眠药，等老人入睡以后，他就打开煤气灶的开关，让煤气跑出来，他就乘车到那饭店去。

当他估计老人房间里已充满煤气时，就在饭店里打电话到老人家。这时电话机中有电流通过，却遇到电话线短路，就溅出火花，引起煤气爆炸。电灯线和电话线是两路的，电灯停了电，电话还是通电的。

21. 完美的自杀

老乔泰里特在化学品商店购买了一大块干冰，然后踩在干冰上自杀了。干冰是固态的二氧化碳，受热不会融化，而是直接气化，生成的二氧化碳由换气扇排出去。当尸体被发现的时候，二氧化碳早就排光了，干冰也消失得无影无踪。

22. 沙漏的秘密

狡猾的厂商代表利用的是热胀冷缩的道理，使沙漏里的沙漏得快。沙漏被放到壁炉旁边以后，受热膨胀，虽然只是微小的变化，但足以让通过小孔的沙子数量增加，从而增加了计时的时间。

因此，杰姆斯实际用的时间远远小于9分钟，他应当得到酬金。

23. 鞋印

天晴的时候，阳光直接照射到土壤，在让泥土变干的同时，也会让留在泥土上的鞋印收缩，一双40码的鞋印，大约会收缩半码。

因此，如果鞋印模型和吉恩的鞋子完全吻合的话，只能说明吉恩是清白的，凶手应该穿比吉恩大半码的鞋子。

24. 伪造的田契

一般纸张日久天长会变黄，但这只是表面，里面的应该还是白的。而做过手脚的纸撕开后里外都是黄的，乾隆将田契撕成两半便一目了然，知道刘洪的田契是伪造的。刘洪拿出的是用茶水浸泡自写的田契。

25. 让电梯停下来

大家可能都知道，电梯的门如果没有关紧的话，它的升降系统是不会工作的，电梯就会停住不动了。林大明就是利用了这个，用铅笔卡在电梯的门缝中留住了电梯。

26. 最后的指纹

这是一道测试你阅读是否足够仔细的题目，如果你粗心大意的话，可就犯下和克姆一样的错误了。欧文斯是按门铃进来的，所以门铃按钮上还留有一个指纹，而警察敲门进来的原因，就是怕破坏这最后一个没有被清除掉的指纹。

27. “英雄救美”的破绽

问题出在眼镜上。那个身强力壮打了年轻人的左胸，居然没有把他放在左胸口袋里的眼镜打破，这明显就是在演戏嘛。

28. 碘酒破案

封条上的糨糊是刚刚刷上去的，如果揭开，一定会沾到手上，而糨糊的主要成分是淀粉，碰到碘酒会变成蓝色。波洛正是利用了这个简单的科学原理，轻而易举地让偷窃者交出了祖母绿。

29. 识破诡计

其实，判断的依据非常简单：男人出现的时候浑身湿漉漉的，而事发地点距离他出现的地方有半小时路程，如果他真是从湖水里跑出来求救的，应该全身都冻得结冰才对。因此，可以判断出朋友是他推下去的，或者在别处杀害以后再推下去的，而他自己则在旅馆里弄湿衣服，出来呼救。

30. 说谎的贵妇

火车进站的时候，由于车速很快，所以会在火车周围形成强大的低气压，但是这样的气压不会将人向后吹倒，反而会把穿宽大衣服的人吸过去。因此，贵妇显然在说谎。而且她送父亲到曼彻斯特治病，竟然没有携带任何行李，这更让人怀疑她早有预谋，治病只是个幌子而已。

31. 钻石不见了

保险柜里的那一小堆灰就是那颗大钻石。钻石是地球物质中最坚硬的，其成分是碳元素的纯结晶体，如果温度超过850℃就会燃烧。

氧气切割机火焰温度高达2000℃，用如此高温的切割机切割小小保险柜门，致使保险柜中的钻石燃烧，变成了二氧化碳。

32. 鸵鸟走私案

鸵鸟没有牙齿，所以拥有不同寻常的胃。它大量吞食小石子，用胃里的小石子来弄碎食物帮助消化，这种小石子不排泄，会留在胃里。因此，犯罪分子觉得这是个从南非走私钻石的好机会，他们让鸵鸟吞食了大量钻石，等回到国内，再想办法杀死鸵鸟，取走钻石。

33. 转危为安

既然气压炸弹是在海拔2000米以下爆炸，那么只需选择海拔2000米以上的高原着陆，就能挽救全体乘客的生命。比如墨西哥城，海拔高达2300米，飞机选择在那里降落是安全的，不需要采用另外的防护措施。

参考文献

[1]王剑锋.青少年最爱玩的200个探案游戏[M].北京：中国纺织出版社，2007.

[2]武瑛娟.锻炼推理能力的120个探案游戏[M].哈尔滨：哈尔滨出版社，2008.

[3]学习型中国·读书工程教研中心.小学生最惊奇的200个探案游戏[M].哈尔滨：哈尔滨出版社，2009.